Nome:

Professor:

Escola:

Eliana Almeida • Aninha Abreu

Vamos Trabalhar

Linguagem

Editora do Brasil

Dados Internacionais de Catalogação na Publicação (CIP)
(Câmara Brasileira do Livro, SP, Brasil)

Almeida, Eliana
    Vamos trabalhar : linguagem / Eliana Almeida, Aninha Abreu. – 2. ed. – São Paulo: Editora do Brasil, 2017.

    ISBN: 978-85-10-06566-5 (aluno)
    ISBN: 978-85-10-06567-2 (professor)

    1. Alfabetização (Ensino fundamental) 2. Linguagem e línguas I. Abreu, Aninha. II. Título.

17-04574   CDD-372.41

Índices para catálogo sistemático:
1. Alfabetização : Ensino fundamental 372.41

© Editora do Brasil S.A., 2017
Todos os direitos reservados

Direção-geral: Vicente Tortamano Avanso

Direção editorial: Cibele Mendes Curto Santos
Gerência editorial: Felipe Ramos Poletti
Supervisão editorial: Erika Caldin
Supervisão de arte, editoração e produção digital: Adelaide Carolina Cerutti
Supervisão de direitos autorais: Marilisa Bertolone Mendes
Supervisão de controle de processos editoriais: Marta Dias Portero
Supervisão de revisão: Dora Helena Feres
Consultoria de iconografia: Tempo Composto Col. de Dados Ltda.

Coordenação de edição: Carla Felix Lopes
Assistência editorial: Juliana Pavoni e Monika Kratzer
Auxílio editorial: Natália Santos
Coordenação de revisão: Otacilio Palareti
Copidesque: Gisélia Costa e Ricardo Liberal
Revisão: Alexandra Resende, Ana Carla Ximenes, Elaine Fares e Maria Alice Gonçalves
Coordenação de iconografia: Léo Burgos
Pesquisa iconográfica: Douglas Cometti, Jaqueline Lima e Léo Burgos
Coordenação de arte: Maria Aparecida Alves
Assistência de arte: Carla Del Matto
Design gráfico: Regiane Santana e Samira de Souza
Capa: Patrícia Lino
Imagem de capa: Rodrigo Alves
Ilustrações: Bruna Ishihara, DAE (Departamento de Arte e Editoração), Daniel Klein, Danilo Dourado, Hélio Senatore, José Wilson Magalhães, Márcio Castro, Marco Cortez e Marcos Machado
Coordenação de editoração eletrônica: Abdonildo José de Lima Santos
Editoração eletrônica: Adriana Tami
Licenciamentos de textos: Cinthya Utiyama, Jennifer Xavier, Paula Harue Tozaki e Renata Garbellini
Controle de processos editoriais: Bruna Alves, Carlos Nunes, Gabriella Mesquita e Rafael Machado

O poema *O relógio* de autoria de Vinicius de Moraes foi autorizado pela VM EMPREENDIMENTOS ARTÍSTICOS E CULTURAIS LTDA., além de:
© VM e © CIA. DAS LETRAS (EDITORA SCHWARCZ).

2ª edição / 11ª impressão, 2024
Impresso na PifferPrint

Avenida das Nações Unidas, 12901
Torre Oeste, 20º andar
São Paulo, SP – CEP: 04578-910
Fone: +55 11 3226-0211
www.editoradobrasil.com.br

APRESENTAÇÃO

Querido aluno,
Este poema foi feito especialmente para você.

Aprender

É bom brincar, correr, pular e sonhar.
Agora chegou a hora de
ler, escrever e contar.
Com o livro *Vamos trabalhar*,
descobertas você fará.
E muito longe chegará.

Língua Portuguesa, Matemática,
História, Geografia e Ciências.
Tudo isso você estudará.
Contas, frases, poemas, histórias e textos.
Muitas coisas para falar, guardar e lembrar.

Um abraço e bom estudo!
As autoras

AS AUTORAS

Eliana Almeida

- Licenciada em Artes Práticas
- Psicopedagoga clínica e institucional
- Especialista em Fonoaudiologia (área de concentração em Linguagem)
- Pós-graduada em Metodologia do Ensino da Língua Portuguesa e Literatura Brasileira
- Psicanalista clínica e terapeuta holística
- *Master practitioner* em Programação Neurolinguística
- Aplicadora do Programa de Enriquecimento Instrumental do professor Reuven Feuerstein
- Educadora e consultora pedagógica na rede particular de ensino
- Autora de vários livros didáticos

Aninha Abreu

- Licenciada em Pedagogia
- Psicopedagoga clínica e institucional
- Especialista em Educação Infantil e Educação Especial
- Gestora de instituições educacionais do Ensino Fundamental e do Ensino Médio
- Educadora e consultora pedagógica na rede particular de ensino
- Autora de vários livros didáticos

A nossos alunos, nossa verdadeira escola.
Às nossas filhas, Juliana, Fabiana e Larissa.

As autoras

"Líder é um mercador de esperança."
Napoleão Bonaparte

SUMÁRIO

Nosso nome 7
Autorretrato 10
Alfabeto 15
abelha 17
índio 20
escova 23
urubu 26
óculos 29
    Revisando as vogais 32
As vogais dão as mãos 34
Conhecendo o til (~) 37
papai 39
mamãe 42
vovó 45
dominó 48
neném 51
    Revisando tudo o que
    foi estudado 54
rato 57
sapo 60
tomate 63
bota 67

lua 70
    Revisando tudo o que
    foi estudado 73
cavalo 76
gato 80
jaca 83
fada 87
zebra 91
xale 95
    Revisando tudo o que
    foi estudado 99
hora 103
queijo 106
kiwi 110
    Revisando o alfabeto 113
cebola 117
gelatina 121
Maria 126
carro 130
galinha 135
    Revisando tudo o que
    foi estudado 139

anjo	144
b**um**bo	149
a**qua**rela	154
coe**lh**o	158
ca**sa**	163
Revisando tudo o que foi estudado	167
pá**ss**aro	171
girass**ol**	176
palha**ço**	181
p**ão**	186
ja**gua**tirica	191
caran**gue**jo	196
Revisando tudo o que foi estudado	201
chave	206
f**or**miga	211
esquilo	215
d**ez**	219
flor	223
criança	228
Os vários sons de X	233
Revisando tudo o que foi estudado	237

Nosso nome

Vamos ouvir

Nome da gente

Por que é que eu me chamo isso
E não me chamo aquilo?
Por que é que o jacaré
Não se chama crocodilo? [...]

O nenê que vai nascer
vai chamar como o padrinho,
vai chamar como o vovô,
mas ninguém vai perguntar
o que pensa o coitadinho.[...]

Pedro Bandeira. *Cavalgando o arco-íris*. 3. ed. Ilustrações de Michio Yamashita. São Paulo: Moderna, 2010. p. 12. (Coleção Girassol).

Atividades

1. Escreva seu nome.

___

2. Quantas letras tem seu nome?

___

3. Escreva o nome de outras pessoas de sua família.

___

Linguagem

Vamos cantar

Eu vi um sapo
Na beira do rio
De camisa verde
Tremendo de frio.

Não era sapo
Nem perereca,

Era _____,
[dizer o nome de um(a) amigo(a)]
De boca aberta.

Cantiga.

4 Complete a cantiga com o nome de uma pessoa de quem você gosta.

5 Desenhe as pessoas que fazem parte de sua família e escreva o nome de cada uma delas.

6 Circule os nomes que você conhece.

7 Ligue os nomes aos personagens corretos.

MAGALI   CASCÃO   MÔNICA   CEBOLINHA

Autorretrato

- Observe o autorretrato de Renoir.

Pierre-Auguste Renoir. *Autorretrato*, 1910.
Óleo sobre tela, 41 cm × 33 cm.

Nome: Pierre-Auguste Renoir.
Data de nascimento: 25 de fevereiro de 1841.
Nacionalidade: francesa.
O que ele amava: a família, os amigos, a natureza, a luz, as cores, passear pelas ruas de Paris, desenhar, pintar e fazer esculturas, retratar pessoas com traços e pinceladas rápidas e bem coloridas.

Mércia Maria Leitão e Neide Duarte. *Renoir e a borboleta Marieta*.
São Paulo: Editora do Brasil, 2009. p. 20.

Vamos brincar

Quebra-cabeça

1. Recorte as peças a seguir, que formam a tela *Autorretrato*, de Pierre-Auguste Renoir.

Linguagem

2 Monte aqui o quebra-cabeça da tela *Autorretrato*, de Pierre-Auguste Renoir.

Alfabeto

Este é nosso alfabeto, o conjunto de letras que usamos para escrever.

Atividades

1 Com o lápis vermelho, pinte no alfabeto as letras de seu nome.

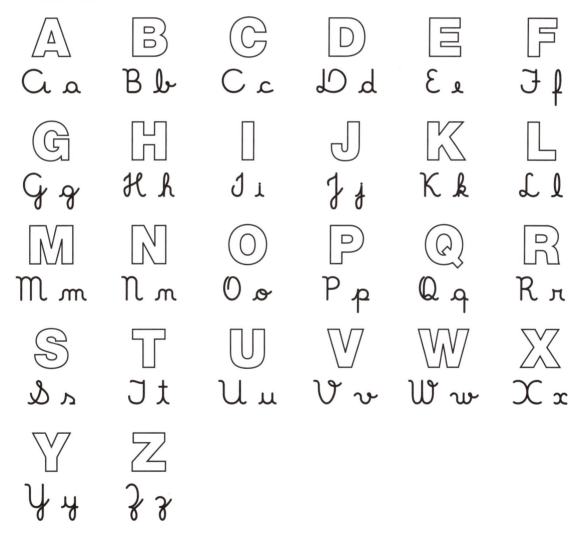

2 Escreva seu nome e sobrenome.

Linguagem

3 Ligue as letras do alfabeto às palavras correspondentes.

Linguagem

abelha

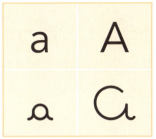 

Vamos cantar

- Complete a letra da cantiga com a vogal **A** e cante-a.

A, A, A, minha abelhinha

A, _____, _____, minha abelhinha
Ai que bom seria se tu fosses minha.
Ai que bom seria se tu fosses minha.

João Plinta.

Atividades

1 Observe as vogais em destaque, cubra os tracejados e continue escrevendo.

a	a	a	a			

A	A	A	A			

2 Encontre a vogal **a** nas palavras a seguir e circule-a.

a) bola   b) apito   c) anel   d) árvore

Linguagem

3 Pinte de amarelo as figuras cujo nome começa com a vogal a. Depois, circule de verde o nome das figuras que termina com a vogal a.

a) abacate   c) bola   e) arara

b) calça   d) pipoca   f) saia

4 Pinte o nome de cada figura.

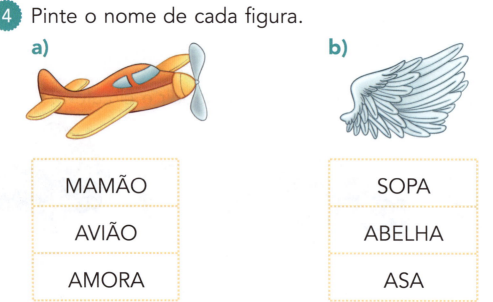

a)	b)
MAMÃO	SOPA
AVIÃO	ABELHA
AMORA	ASA

5 Complete o nome das figuras com A, a.

a) __ ve   c) __ b __ c __ xi   e) pip __

b) __ m __   d) __ vent __ l   f) g __ to

6 Circule na cantiga as palavras com **A**, **a**. Depois, pinte a imagem.

Alecrim

Alecrim, alecrim dourado
Que nasceu no campo
Sem ser semeado.

Foi meu amor
Que me disse assim
Que a flor do campo
É o alecrim.

Cantiga.

índio

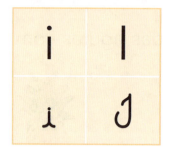

Vamos cantar

- Complete a letra da cantiga com a vogal **I** e cante-a.

I, I, I, índio já chegou

I, _____, _____, índio já chegou
E correndo pro bosque se mandou.
E correndo pro bosque se mandou.

João Plinta.

Atividades

1 Observe as vogais em destaque, cubra os tracejados e continue escrevendo.

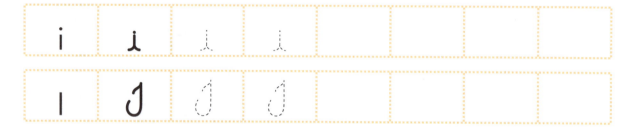

2 Ligue cada figura ao nome dela.

ÍNDIO

IGREJA

ILHA

3 Escreva a vogal inicial do nome de cada figura.

a)

c)

e)

b)

d)

f)

4 Pinte todas as vogais **I**, **i** abaixo.

a	i	e	i	i
i	e	a	e	I
i	a	i	I	A

5 Ligue o menino ao nome que começa com a vogal *I*.

- Aldo
- Edu
- Paulo
- Ivo

Linguagem 21

6 Complete o nome das figuras com J, i.

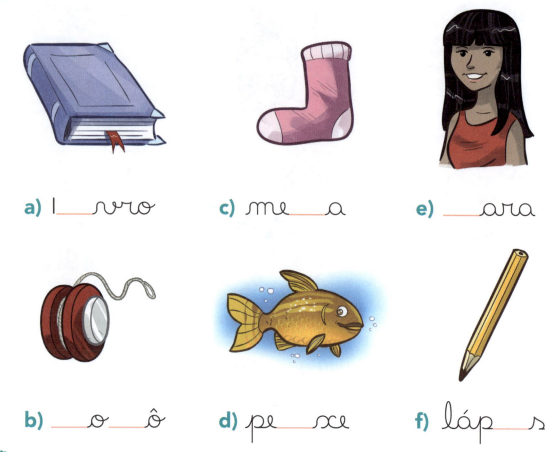

a) l___vro   c) me___a   e) ___ara

b) ___o___ô   d) pe___xe   f) láp___s

7 Circule na cantiga as palavras com a vogal **i**. Depois, pinte a imagem.

Ciranda, cirandinha
Vamos todos cirandar
Vamos dar a meia-volta
Volta e meia vamos dar

O anel que tu me deste
Era vidro e se quebrou
O amor que tu me tinhas
Era pouco e se acabou.

Cantiga.

22 **Linguagem**

escova

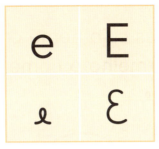

Vamos cantar

- Complete a letra da cantiga com a vogal **E** e cante-a.

E, E, E, minha escovinha

E, _____, _____, minha escovinha
Quem te pôs a mão sabendo que és minha?
Quem te pôs a mão sabendo que és minha?

João Plinta.

Atividades

1 Observe as vogais em destaque, cubra os tracejados e continue escrevendo.

e	e	e	e			
E	E	E	E			

2 Ligue a figura do elefante às palavras começadas com a vogal **E**.

- ESCOLA
- ABACAXI
- ELEFANTE
- ABELHA
- EMA

Linguagem

3 Pinte de azul as figuras cujo nome começa com E, e. Depois, circule de vermelho o nome das figuras que termina com a vogal e.

a) estrela   c) sorvete   e) pente

b) escada   d) Elias   f) picolé

4 Faça um **X** nos ☐ antes de nomes que começam com E, e.

☐ Ana
☐ ema
☐ Eva
☐ estudo

☐ Emília
☐ ameixa
☐ Mônica
☐ escova

5 Complete o nome das figuras com E, e.

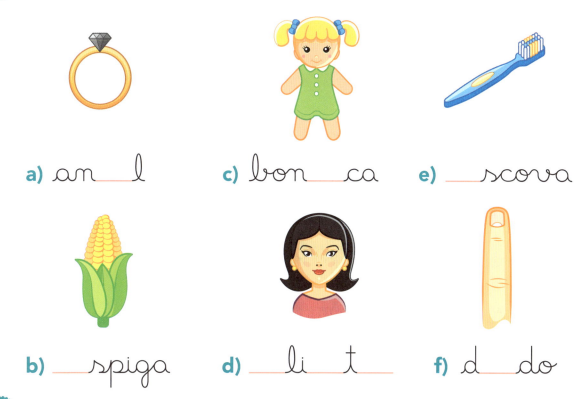

a) an____l c) bon____ca e) ____scova

b) ____spiga d) ____li____t____ f) d____do

6 Circule na cantiga as palavras com a vogal **e**. Depois, pinte a imagem.

Um elefante incomoda muita gente.
Dois elefantes incomodam,
Incomodam muito mais.
Dois elefantes incomodam muita gente.
Três elefantes incomodam,
Incomodam, incomodam muito mais.

Cantiga.

urubu

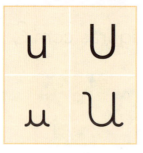

Vamos cantar

■ Complete a letra da cantiga com a vogal **U** e cante-a.

U, U, U, seu urubu

U, _____, _____, seu urubu
Que vive brigando com o seu peru.
Que vive brigando com o seu peru.

João Plinta.

Atividades

1 Observe as vogais em destaque, cubra os tracejados e continue escrevendo.

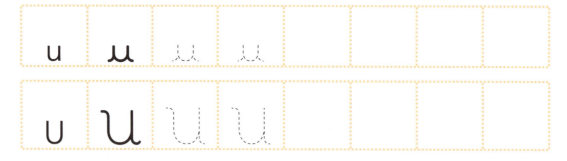

2 Ligue a figura ao nome dela.

- anel
- união
- ovo
- uva

3 Pinte os quadrinhos em que aparece **U**, **u**, U, u.

a	U	e	A	u	U	a	u
i	A	a	e	u	a	u	e
l	u	E	U	a	E	U	l

4 Complete as palavras com as vogais que faltam.

5 Complete o nome das figuras com U, u.

a) __ baldo   c) __ r __ b __   e) l __ a

b) ba __   d) t __ barão   f) l __ va

6 Circule no poema as palavras com **U**, **u**. Depois, pinte a imagem.

Urubu

Urubu
Só se veste
De preto.
Urubu
Anda de turma
Feito gueto.

Urubu
É bicho pobre.
Come lixo, carniça
E tudo que sobre.

Urubu
É feio,
Mas é nobre.

Lalau e Laurabeatriz. *Zum-zum-zum e outras poesias*. São Paulo: Companhia das Letrinhas, 2007. p. 68.

óculos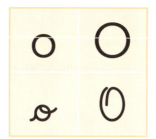

Vamos cantar

- Complete a letra da cantiga com a vogal **O** e cante-a.

O, O, O, óculos da vovó

O, _____, _____, óculos da vovó
Todo quebradinho com uma perna só.
Todo quebradinho com uma perna só.

João Plinta.

Atividades

1 Observe as vogais em destaque, cubra os tracejados e continue escrevendo.

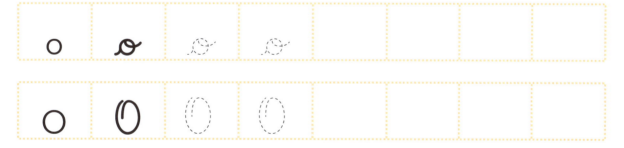

2 Complete o nome das figuras com O, o.

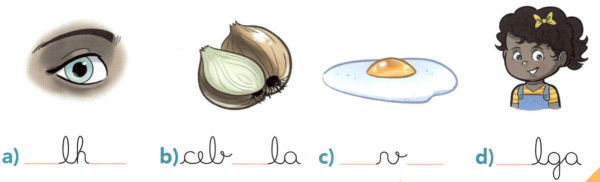

a) ___lh___   b) ceb___la   c) ___v___   d) ___lga

3 Pinte de verde as figuras cujo nome começa com O, o. Depois, circule de vermelho o nome das figuras que terminam com a vogal o.

a) castelo   c) orelha   e) Amar

b) osso   d) navio   f) óculos

4 Pinte todas as letras **o** abaixo.

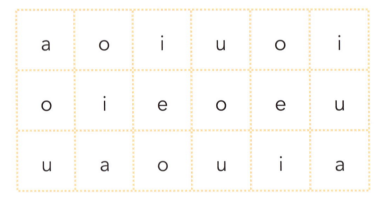

a	o	i	u	o	i
o	i	e	o	e	u
u	a	o	u	i	a

5 Ligue corretamente o nome à figura apresentada.

oito •
ovelha •
ônibus •

Linguagem

6 Faça um **X** nos ☐ antes de nomes que começam com O, o.

☐ onze
☐ azul
☐ Ivete
☐ Otávio

☐ Eliana
☐ omelete
☐ ilha
☐ osso

7 Escreva a vogal inicial do nome de cada figura.

a) _____   b) _____   c) _____   d) _____

8 Circule na cantiga as palavras com **O**, **o**. Depois, pinte a imagem.

Onça-pintada

Onça-pintada
Quem foi que te pintou?
Foi uma velhinha que aqui passou.
Tempo de areia
Fazia poeira
Puxa lagartixa na sua orelha.

Cantiga.

Linguagem

Revisando as vogais

Vamos cantar

- Complete a letra da cantiga com as vogais **A, E, I, O, U** e cante-a.

A, A, A, minha abelhinha

A, _____, _____, minha abelhinha
Ai que bom seria se tu fosses minha.
Ai que bom seria se tu fosses minha.

E, E, E, minha escovinha

E, _____, _____, minha escovinha
Quem te pôs a mão sabendo que és minha?
Quem te pôs a mão sabendo que és minha?

I, I, I, índio já chegou

I, _____, _____, índio já chegou
E correndo pro bosque se mandou.
E correndo pro bosque se mandou.

O, O, O, óculos da vovó

O, _____, _____, óculos da vovó
Todo quebradinho com uma perna só.
Todo quebradinho com uma perna só.

U, U, U, seu urubu

U, _____, _____, seu urubu
Que vive brigando com o seu peru.
Que vive brigando com o seu peru.

João Plinta.

Atividades

1 Observe as vogais em destaque, cubra os tracejados e continue escrevendo.

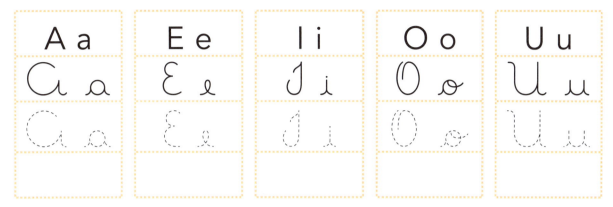

2 Pinte de verde os quadros com as vogais maiúsculas.

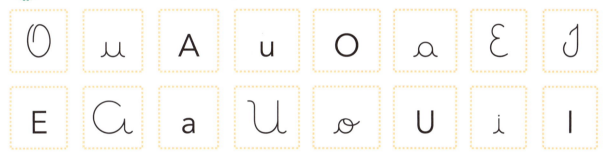

3 Marque um **X** em todas as vogais minúsculas.

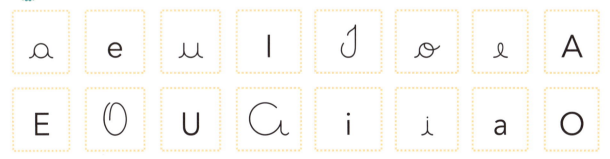

4 Escreva a vogal inicial de cada palavra.

- a) olho _____
- b) asa _____
- c) Adriana _____
- d) escada _____
- e) uva _____
- f) oito _____
- g) igreja _____
- h) Elaine _____
- i) Ubaldo _____

As vogais dão as mãos

Vamos ouvir

Batatinha aprende a latir

O cachorro Batatinha
Quer aprender a latir,
Abre a boca, fecha os olhos:
I, i, i, i, i, i, i, i, i, i, i, i. i. i. i. i.

O cachorro Batatinha
Até pensa que latiu.
Abre a boca, fecha os olhos:
Iu, iu, iu, iu, iu, iu, iu, iu.

O cachorro Batatinha
Quer latir, acha que errou:
Abre a boca, fecha os olhos,
Ou, ou, ou, ou, ou, ou, ou, ou.

O cachorro Batatinha
Vai latir mesmo ou não vai?

Abre a boca, fecha os olhos:
Ai, ai, ai, ai, ai, ai, ai, ai, ai.

O cachorro Batatinha
Late tanto que nem sei...
Abre a boca, fecha os olhos:
Ei, ei, ei, ei, ei, ei, ei, ei.

O cachorro Batatinha
Até pensa que aprendeu.
Abre a boca, fecha os olhos:
Eu, eu, eu, eu, eu, eu, eu.

Batatinha vai dormir,
Sonha que late, afinal.
Abre a boca, fecha os olhos:
Miau, miau, miau, miau.

Sérgio Capparelli. *111 poemas para crianças*. Porto Alegre: L&PM, 2009. p. 35.

- Circule os encontros vocálicos que aparecem no poema.

Atividades

1 Leia os encontros vocálicos, cubra os tracejados e copie-os.

a) ai – ai – ai _____

b) ui – ui – ui _____

c) ei – ei – ei _____

d) eu – eu – eu _____

e) uai – uai – uai _____

f) au – au – au _____

2 Escreva as expressões do quadro nos balões correspondentes.

Oi! Eu! Ei! Au! Ai! Ui!

3 Leia e ligue os encontros vocálicos correspondentes.

Ui	Eu
Au	Ei
Ei	Ui
Oi	Oi
Eu	Au
Ai	Ai

4 Complete as palavras com encontros vocálicos.

a) p____xe   b) c____xa   c) cad____ra

Conhecendo o til (~)

Que sinal bonitinho! Leia em voz alta as vogais a seguir e perceba a mudança do som aberto para o som nasal nas letras com til.

| a | ã | | ao | ão | | ae | ãe | | oe | õe |

Vamos ouvir

O cão

Sou muito mais que um cão:
eu sou de estimação,
companhia,
distração.
"Sou seu melhor amigo":
este é um ditado antigo
que sigo e levo a cabo.
Se não posso te abraçar,
Dou lambida e abano o rabo.

Claudio Thebas. *Amigos do peito*. Belo Horizonte: Formato Editorial, 1996. p. 20.

- Circule no poema as palavras com **ão**.

Atividades

1 Leia e copie em letra cursiva as vogais a seguir.

a) ã _____   c) ão _____

b) ãe _____   d) õe _____

Linguagem

2 Observe as imagens e complete as palavras com:

| a | ã | | ao | ão | | ae | ãe | | oe | õe |

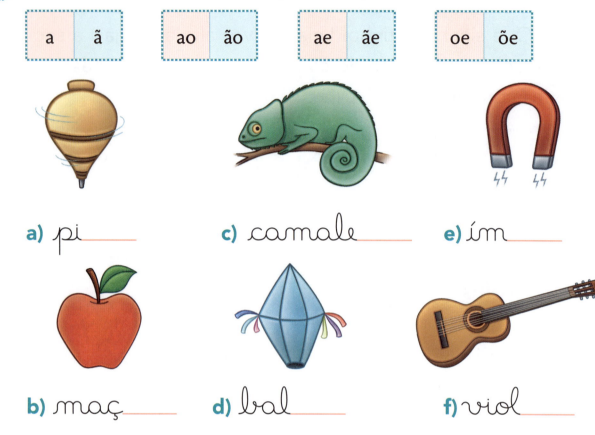

a) pi____ c) camale____ e) ím____

b) maç____ d) bal____ f) viol____

3 Ligue o til às palavras em que ele aparece.

PICOLÉ •   • MAMÃE

PÕE •   • VOVÔ

AVIÃO •   • CAFÉ

ÔNIBUS •   ~   • LIMÕES

ANÃ •   • PILÃO

ROBÔ •   • ROMÃ

RÃ •   • SABÃO

Linguagem

papai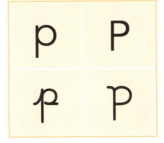

Vamos cantar

Lagarta pintada

Lagarta pintada
Quem te pintou?
Foi uma velhinha
Que aqui passou.

A saia da velha
Fazia poeira.
Puxa lagarta
No pé da orelha.

Cantiga.

- Circule na cantiga todas as palavras com **P**, **p**.

Atividades

1 Reescreva as sílabas com letra cursiva.

pa   pe   pi   po   pu

Pa   Pe   Pi   Po   Pu

2 Leia atentamente cada palavra a seguir.

pia	pau	pé	piu	papão
pipa	papai	pá	papo	papou
pião	pó	Pepe	papa	upa

Linguagem 39

3) Complete as palavras com *pa*, *pe*, *pi*, *po* ou *pu*.

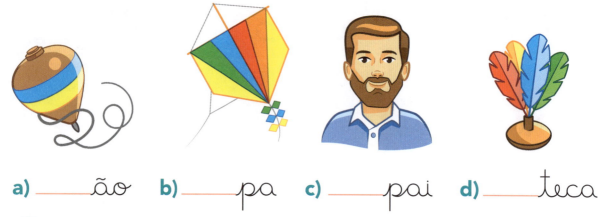

a) ____ão   b) ____pa   c) ____pai   d) ____teca

4) Em cada item, pinte o retângulo com o nome da figura.

a)	PAU	PIA	PEIXE
b)	PERA	PATO	COPO
c)	PIANO	PANO	PAI
d)	PEDRA	PIPOCA	PIPA

5) Ligue corretamente o nome à figura.

a) pipa •

b) pé •

c) pião •

d) pia •

e) papai •

40 Linguagem

6 Leia as palavras. Depois, escreva-as com letra cursiva embaixo da imagem correspondente a elas.

| pão | pipa | pião | pia | pé | pá |

7 Separe as sílabas destas palavras. Observe o exemplo.

a) pipa — *pi* | *pa*   e) papo

b) papa   f) papai

c) Pepe   g) pia

d) papão   h) pião

Linguagem 41

mamãe

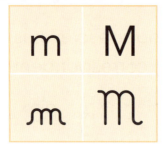

Vamos ouvir

O que é mãe

[...] Mãe? O que é mãe?
Luz muito clara,
Tão clara
Que nos aclara
E, afagando,
Nos ampara?
Mãe? O que é mãe
Tão doce? Tão severa
Se a gente erra!
E que empurra
Se tudo emperra.

Mãe severa?
Mãe doce?
Ou mãe fera? [...]

Sérgio Capparelli. *111 poemas para crianças*. Porto Alegre: L&PM, 2009. p. 47.

- Circule no poema todas as palavras com **M**, **m**.

Atividades

1 Reescreva as sílabas com letra cursiva.

ma me mi mo mu

Ma Me Mi Mo Mu

2 Leia atentamente cada palavra a seguir.

mapa	meu	mama	mima	uma
maio	mamãe	ema	Mimi	mau
meia	mamão	amo	mão	miau

3 Complete as palavras com *ma* ou *me*.

a) ____ia

b) ____pa

c) e____

d) ____lão

e) ____mão

f) ____la

4 Junte os números indicados para formar as palavras.

1	2	3	4	5	6	7	8	9	10
pa	pe	pi	po	pu	ma	me	mi	mo	a

a) 3+1 _____

b) 5+6 _____

c) 8+6 _____

d) 1+4 _____

e) 8+9 _____

f) 6+1 _____

g) 1+1 _____

h) 3+10 _____

Linguagem 43

5 Ligue as palavras iguais. Veja o exemplo.

a) MAMÃE •   • pia

b) PIA •   • pau

c) MAMÃO •   • meia

d) PAPAI •   • mamãe

e) PAU •   • papai

f) MEIA •   • mamão

6 Separe as sílabas destas palavras. Observe o exemplo.

a) mia | mi | a |

b) mapa

c) mamãe

d) Mimi

e) amo

f) miau

7 Pinte o nome das crianças.

a)

b)

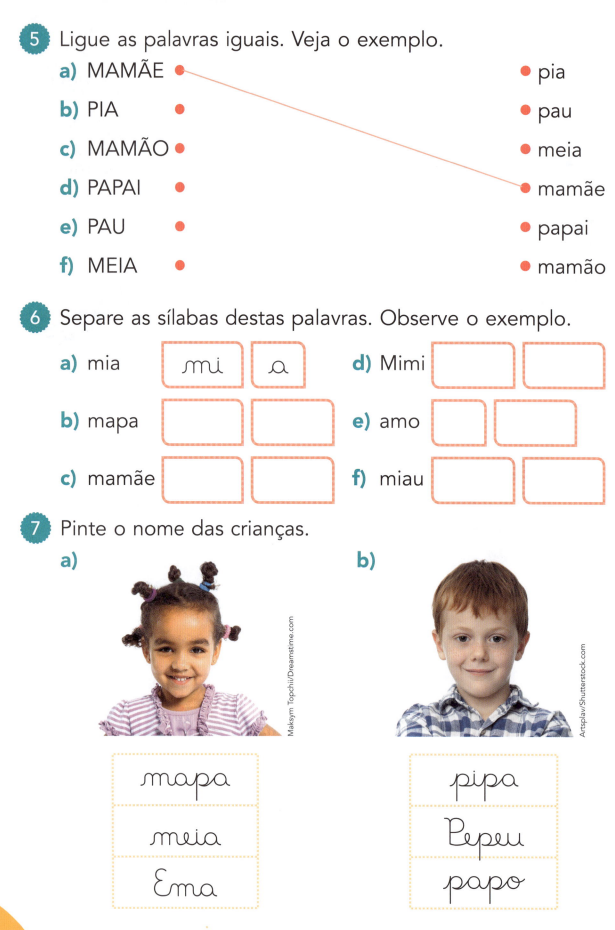

mapa

meia

Ema

pipa

Pepeu

papo

Linguagem

vovó

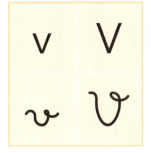

Vamos ouvir

A casinha da vovó
É coberta de cipó.
O café tá demorando,
Com certeza não tem pó.

Quadrinha.

- Circule na quadrinha todas as palavras que rimam com **vovó**.

Atividades

1 Reescreva as sílabas com letra cursiva.

va   ve   vi   vo   vu

Va   Ve   Vi   Vo   Vu

2 Leia atentamente cada palavra a seguir.

vovó	uva	Vivi	ovo	voa
vovô	via	ave	avião	povo
pavio	Ivo	viúva	pavão	Eva

Linguagem

3 Complete as palavras com *va*, *ve*, *vi*, *vo* ou *vu*.

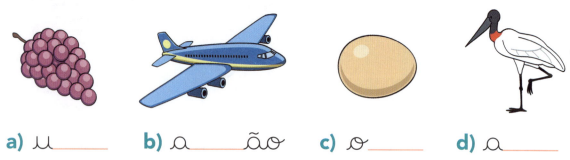

a) u____ b) a____ão c) o____ d) a____

4 Complete as palavras com *V*, *v*.

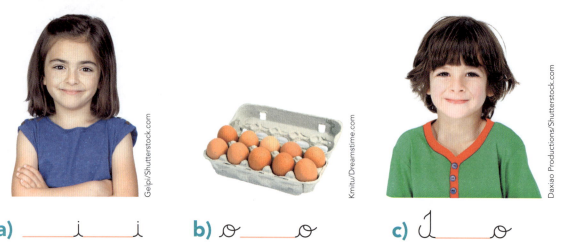

a) ____i____i b) o____o c) ____o

5 Leia as palavras, circule o nome de cada figura e copie-os.

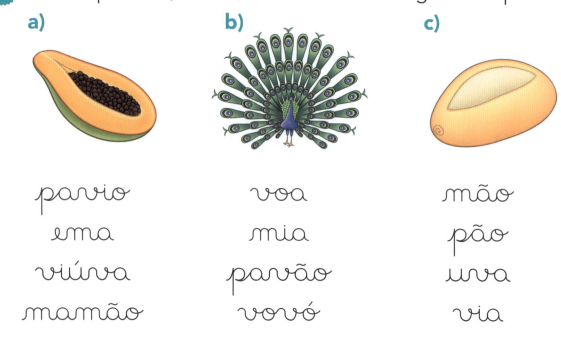

pavio voa mão
ema mia pão
viúva pavão uva
mamão vovó via

6 Leia o texto e observe a imagem.

V

V de vovó e vovô,
Vento que vai e volta, voador,
Valor, voto, vitória,
Vontade, verdade, vencedor.

Darci Maria Brignani. ...*de A a Z, de 1 a 10*... São Paulo: Companhia Editora Nacional, 2005. p. 19.

7 Complete o texto com *va, ve, vi, vo* ou *vu*.

V de vo____ e ____vô,
Vento que ____i e volta, ____ador,
____lor, ____to, ____tória,
Vontade, verdade, vencedor.

8 Separe as sílabas e escreva o número de sílabas de cada palavra. Observe o exemplo.

a) vovô ___vo-vô___ 2

b) povo _____

c) voa _____

d) uva _____

e) viúva _____

f) avião _____

Linguagem 47

dominó

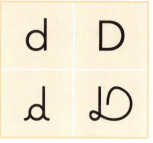 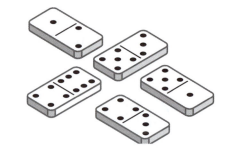

Vamos cantar

Dominó

Por esta rua, dominó,
Passou meu bem, dominó
Não foi por mim, dominó
Foi por mais alguém, dominó.

Olha o passarinho, dominó
Caiu no laço, dominó
Dai-me um beijinho, dominó
E um abraço, dominó.

Cantiga.

- Circule na cantiga todas as palavras com **D**, **d**.
- Agora, conte quantas palavras você circulou e registre: ☐.

Atividades

1 Reescreva as sílabas com letra cursiva.

da   de   di   do   du

Da   De   Di   Do   Du

2 Leia atentamente cada palavra a seguir.

dado	Diva	dia	dodói
Davi	dedo	Adão	medo
moeda	vida	dama	moda

3 Complete as palavras com da, de, di, do, du, Da, De, Di, Do ou Du.

a) moe_____

b) _____ce

c) _____vi

d) _____do

e) da_____

f) vea_____

4 Leia as palavras, ligue as iguais e copie-as com letra cursiva.

a) moeda • • Diva _____
b) vida • • moeda _____
c) dia • • dia _____
d) Diva • • vida _____

5 Separe as sílabas destas palavras.

a) dedo _____

b) moda _____

c) pomada _____

6 Leia o texto e observe a imagem.

Com a letra **D**
Se escreve **D**edo.
Com a letra **D**
Se escreve **D**ado.
Com a letra **D** se escreve:
Dia,
Dor,
Dragão e
Delegado.

_{Ruth Rocha. *Palavras, muitas palavras*. 15. ed. Ilustrações de Raul Fernandes. São Paulo: Salamandra, 2013. p. 11.}

7 Marque um **X** nas alternativas corretas de acordo com o texto.

Com a letra **D** se escreve:

☐ dedo e dado.
☐ dia e dor.
☐ pipa e dodói.
☐ Adão e pavão.
☐ dragão e delegado.
☐ Eva e mamãe.

8 Complete as frases de acordo com o texto.

Com a letra ____ se escreve:

_____,

Dor,
Dragão e _____.

neném

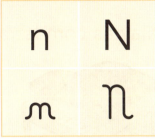

Vamos cantar

Nana, neném,
Que a cuca vem pegar
Papai foi pra roça
Mamãe foi trabalhar.

Cantiga.

- Circule na cantiga todas as palavras com **N**, **n**.

Atividades

1 Reescreva as sílabas com letra cursiva.

ma	me	mi	mo	mu
Na	Ne	Ni	No	Nu

2 Leia atentamente cada palavra a seguir.

Nina	menina	pena	neve	piano
menino	não	nome	pano	Ana
nove	nave	novo	navio	nada

Linguagem

3 Leia e copie estas palavras com letra cursiva.

a) pena

pena

c) piano

piano

e) nenê

nenê

b) menino

menino

d) nove

nove

f) navio

navio

4 Leia as palavras, ligue as iguais e copie-as com letra cursiva.

a) nada •   • neve _____

b) nome •   • novidade _____

c) neve •   • nome _____

d) novidade •   • nada _____

5 Separe as sílabas destas palavras.

a) piano

b) menina

c) noiva

d) pano

Linguagem

6 Com a ajuda do professor, leia o texto e observe a imagem.

A menina viu no ninho
Canarinho fazer ninhada
O Nonô nina a menina
Menina fica aninhada

Rosinha. *ABC do trava-língua*. São Paulo: Editora do Brasil, 2012. p. 17.

7 Circule no trava-língua todas as palavras com **N**, **n**.

8 Complete as frases de acordo com o texto.

A _____ viu _____ ninho
Canarinho fazer ninhada
O Nonô _____ a _____
_____ fica aninhada

9 Complete o diagrama com o nome das figuras. Siga o exemplo.

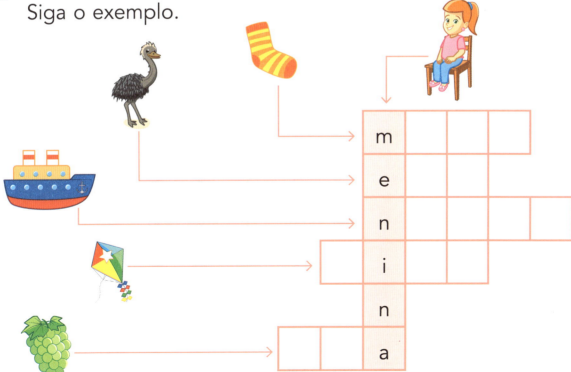

Revisando tudo o que foi estudado

Vamos ouvir

Pega-pega

Anda que corre que pula que cai
vem
vai pro outro lado
sai!

Corre em volta quem tá no meio
zapa
recomeça outra vez a corrida
escapa!

Só o bobo tolo fica tonto
e cai!

Fernando Paixão. *Poesia a gente inventa*. 4. ed. São Paulo: Ática, 1998. s/p.

- Circule no poema todas as palavras com as letras **p**, **m**, **v**, **d** e **n**.

Atividades

1 Complete o quadro com as famílias silábicas.

papai	pa			po	
mamãe		me			mu
vovó			vi		
dominó				do	
neném					nu

2 Ordene as sílabas de acordo com os números e escreva as palavras formadas.

       2   3   1

a) vi   o   pa _____

         2   1

b) mão ma _____

       2   1

c) dão A _____

       2   1   3

d) ni me na _____

3 Organize as palavras de acordo com os números e forme frases.

     3   4   1   2   5

a) é   do   A   pipa   menino.

_____

        2   1   3   5   4

b) dominó O é Ivo. de

_____

4 Leia as palavras e copie-as com letra cursiva. Depois, escreva o número de letras e sílabas.

Palavra	Cursiva	Letras	Sílabas
ema			
um			
Diva			
moeda			

Linguagem 55

5 Observe as imagens e escreva o nome delas.

a) _____ c) _____ e) _____

b) _____ d) _____ f) _____

6 Ligue corretamente as palavras às imagens.

a) PIANO •

b) DIA •

c) NOVIDADE •

d) DOMINÓ •

e) NAVIO •

f) PIA •

g) DEDO •

h) NENÉM •

i) POMADA •

j) VEADO •

rato

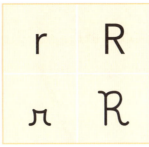

Vamos ouvir

O rato roeu a roupa do rei de Roma.
O rato roeu a roupa do rei da Rússia.
O rato roeu o rabo de Rodovalho.
O rato a roer roía e a Rosa Rita Ramalho
Do rato a roer ria.

Trava-língua.

- Circule no trava-língua todas as palavras com **R**, **r**.

Atividades

1 Reescreva as sílabas com letra cursiva.

ra   re   ri   ro   ru

Ra   Re   Ri   Ro   Ru

2 Leia atentamente cada palavra a seguir.

roda	rede	rio	remo	Raiana
rua	Rui	ria	Roma	roupa
rei	rádio	ralo	rã	remédio

3 Complete as palavras com *ra, re, ri, ro* ou *ru* e copie-as.

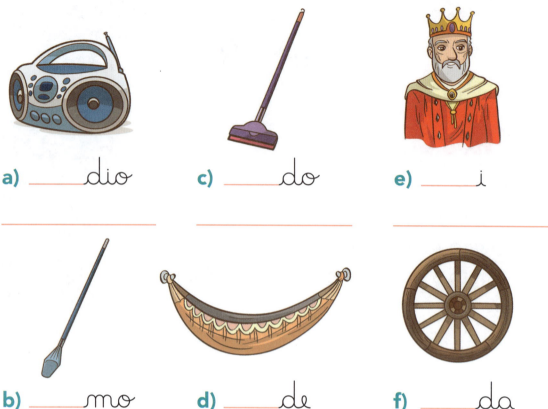

a) ___dio

c) ___do

e) ___i

b) ___mo

d) ___de

f) ___da

4 Separe as sílabas e escreva o número de sílabas de cada palavra.

a) roupa

b) Roma

c) rua

d) robô

e) remédio

5 Numere as cenas de acordo com as frases.

1 Vovó viu a rã. 3 A roupa é do rei.
2 Rui nada no rio. 4 A menina está na rede.

6 Copie o trava-língua substituindo as figuras pelo nome.

O  roeu

a  do rei de Roma.

Linguagem 59

sapo

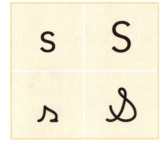

Vamos ouvir

Olha o sapo dentro do saco
O saco com o sapo dentro
O sapo batendo papo
E o papo soltando vento.

Trava-língua.

- Circule no trava-língua todas as palavras com **S** ou **s**.

Atividades

1 Reescreva as sílabas com letra cursiva.

sa   se   si   so   su

2 Leia atentamente cada palavra a seguir.

sapo	sino	são	soda	sopapo
sopa	saúva	saia	saída	Simone
sede	seu	seda	suado	Sávio

Linguagem

3 Complete as palavras com *sa, se, si, so* ou *su*.

a) ____ po   c) ____ biá   e) ____ no

b) ____ mone   d) ____ pa   f) ____ ia

4 Separe as sílabas e escreva o número de sílabas de cada palavra.

a) Simão

b) saída

c) saúde

d) suado

e) sopapo

5 Ordene as sílabas de acordo com os números e escreva as palavras formadas.

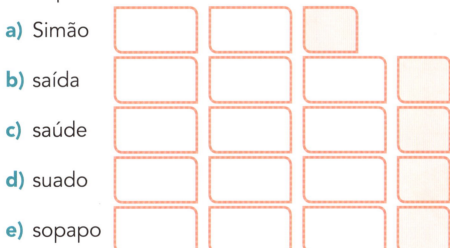

a) ② ③ ①
    ú va sa

c) ② ①
    de se

b) ③ ① ②
    de sau da

d) ② ①
    no si

Linguagem 61

6 Leia o texto e observe a imagem.

Sávio deu uma saia à mamãe.
Mamãe saiu de saia nova.
Na rua, mamãe viu um sino.
O sino é novo.

7 Marque um **X** na resposta correta de acordo com o texto.

a) Sávio deu uma saia:

☐ a Simão. ☐ à mamãe. ☐ ao mamão.

b) Na rua, mamãe viu:

☐ um sapo. ☐ uma saúva. ☐ um sino.

8 Complete o diagrama com o nome das figuras.

62 Linguagem

tomate

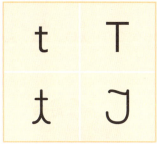

Vamos ouvir

Tartaruga

Tic-tac,
tic-tac,
tanto tempo
para andar.
Tempo passa,
passatempo,
tartaruga
não é lebre,
pisa leve,
não tem pressa
pra chegar.

José de Nicola. *Alfabetário*. 2. ed. Ilustrações de Daniel Kondo. São Paulo: Moderna, 2002. p. 26. (Coleção Girassol).

- Circule no poema todas as palavras com **T, t**.

Atividades

1 Reescreva as sílabas com letra cursiva.

ta   te   ti   to   tu

Ta   Te   Ti   To   Tu

2 Leia atentamente cada palavra a seguir.

tatu	Tadeu	mato	tábua	apito
titio	tomate	tomada	pato	tapete
tapa	teto	Tati	sapato	pote

Linguagem 63

3 Complete as palavras com ta, te, ti, to ou tu.

a) tape____   c) api____   e) ____mada

b) pa____   d) ____ia   f) po____

4 Ligue as palavras formando pares.

a) papai •   • rata

b) titio •   • pavoa

c) pato •   • mamãe

d) rato •   • titia

e) pavão •   • pata

5 Complete cada palavra a seguir com a sílaba que falta. Siga o exemplo.

a) TOMA [TE]   d) [   ] PETE

b) SAPA [   ]   e) [   ] PA

c) [   ] MADA   f) TA [   ]

6 Leia o texto e observe a imagem.

O sítio
Tio Tadeu tem um sítio.
Renata foi ao sítio
do tio Tadeu.
No sítio Renata viu:
sapo, pato, ema e tatu.
Renata tomou sopa
de tomate do sítio.

7 Marque um **X** nas frases que estão de acordo com o texto.

☐ Rui vai ao sítio. ☐ A sopa é de tomate.

☐ O sítio é do tio Tadeu. ☐ O sítio é do tio Pepe.

8 Ordene as sílabas de acordo com os números e escreva as palavras formadas.

a) ③ te ① ta ② pe

b) ① ti ③ a ② ti

c) ③ te ① to ② pe

d) ② to ① pa

e) ② to ① ma

f) ③ to ② pa ① sa

9 Complete o diagrama com o nome das figuras. Siga o exemplo.

| T | A | T | U |

10 Faça a correspondência entre os nomes iguais. Depois, copie o nome de cada criança.

1  OTÁVIO   ☐ Sávio _____

2  SÁVIO   ☐ Rui _____

3  RUI   ☐ Otávio _____

Linguagem

bota

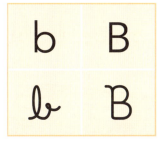

Vamos ouvir

Boto de bota

Um boto
Num bote
Cheinho
De sorte.

Um boto
De barba

Comendo
Biscoito. [...]
Um boto
Cambota
Com bota
De pelo.

Um boto
Num mar
De água
De cheiro.

Sergio Capparelli. *Tigres no quintal*. 4. ed. São Paulo: Global, 2008. p. 18.

- Circule no poema todas as palavras com **B**, **b**.

Atividades

1 Reescreva as sílabas com letra cursiva.

ba   be   bi   bo   bu

Ba   Be   Bi   Bo   Bu

2 Leia atentamente cada palavra a seguir.

bota	batata	bebida	bebê	baba
sabão	botão	baú	Bia	babou
boa	tábua	boi	Beto	beba

Linguagem 67

3 Complete as palavras com *ba, be, bi, bo* ou *bu* e copie-as.

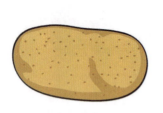

a) ____tata   c) ____ú   e) sa____nete

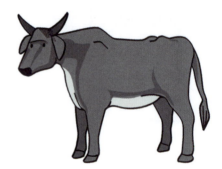

b) tá____a   d) ____tão   f) ____i

4 Complete as frases com as palavras do quadro.

tia – tomate – Bia – sopa – boi – rato – boné – bota – Beto

a) O _____ roeu o tapete.
b) O _____ é bonito.
c) A _____ é de _____.
d) O _____ é meu.
e) A _____ de _____ é boa.
f) O nome da _____ é _____.

5 Leia o texto e observe a imagem.

O boi

Beto é um menino sabido.
Beto viu um boi no
sítio do tio Tadeu.
O nome do boi é Bibi.
Bibi é um boi bonito.
No sítio, Beto bebeu
vitamina de banana.

6 Circule no texto todas as palavras com **B**, **b** e copie-as.

_____

_____

7 Marque um **X** na resposta certa de acordo com o texto.
   a) Beto é um menino:
   ☐ bonito.   ☐ sabido.

   b) O nome do boi é:
   ☐ Babão.   ☐ Bibi.

8 Ordene as palavras de acordo com os números e escreva as frases formadas.

   5   2   4   1   3
   a) bonito. é boi Bibi um

_____

   3   4   1   5   2
   b) vitamina de Beto banana. bebeu

_____

lua

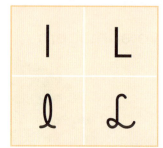

Vamos ouvir

Por que será que numa noite a lua é tão pequena e fininha e outra noite ela fica tão redonda e gordinha para depois ficar de novo daquele jeito estreitinha? Depende de quê? Depende do dia que a gente vê.

Jandira Masur. *O frio pode ser quente?* 17. ed. São Paulo: Ática, 2008. p. 11.

- Circule no poema todas as palavras com **L**, **l**.

Atividades

1 Reescreva as sílabas com letra cursiva.

la   le   li   lo   lu

La   Le   Li   Lo   Lu

2 Leia atentamente cada palavra a seguir.

lata	leia	leite	bolo	bola
mala	vela	leitão	melado	lua
lado	lama	Laila	Léo	ela

3 Complete as palavras com *la, le, li, lo* ou *lu*.

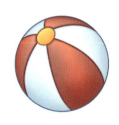

a) bo_____   c) _____ta   e) _____ão

b) _____mão   d) ro_____   f) _____a

4 Junte os números indicados para formar as palavras.

1	2	3	4	5	6	7	8	9	10	11	12
le	lu	la	li	lo	ta	do	me	sa	da	bo	va

a) 3+6 _____   f) 3+12 _____

b) 8+7 _____   g) 9+3+10 _____

c) 8+3+7 _____   h) 2+12 _____

d) 11+5 _____   i) 9+4+12 _____

e) 11+3 _____   j) 12+1+6 _____

5 Separe as sílabas destas palavras.

a) maleta _____   d) bola _____

b) vela _____   e) limonada _____

c) lata _____   f) selo _____

Linguagem 71

6 Encontre as palavras a seguir no diagrama e copie-as com letra cursiva.

a) TELA
b) LUA
c) SELO
d) VELA
e) LEITE
f) LUPA

L	M	V	E	L	A	Z	L
E	Y	D	G	H	J	O	U
I	C	T	E	L	A	R	P
T	W	M	R	V	X	L	A
E	Y	U	K	I	E	U	B
Z	S	E	L	O	D	A	S

7 Pinte o nome de cada figura.

a)

lata
bolo
lama

b)

melado
rolo
mala

8 Copie as frases substituindo as figuras pelo nome.

a) O  é de .

b) *Laila tomou* de .

Linguagem

Revisando tudo o que foi estudado

Vamos ouvir

- Circule na história em quadrinhos todas as palavras com as letras **R**, **S**, **T**, **B** e **L**.

Atividades

1 Complete o quadro com as famílias silábicas.

rato			ri		
sapo	sa				
tomate				to	
bota		be			
lua					lu

Linguagem 73

2 Complete as palavras com as sílabas que faltam e copie-as.

a) no_____

c) _____le

e) _____ta

b) mo_____

d) _____da

f) _____la

3 Separe as sílabas e escreva o número de sílabas de cada palavra. Observe o exemplo.

a) vovô ___vo-vô___ [2]

b) titio _____

c) rato _____

d) neto _____

e) dominó _____

f) leão _____

g) menino _____

h) pato _____

4 Junte as sílabas e escreva as palavras formadas.

PA, RA, MO, LO — TO

SA, BO, MO, TE — LA

5 Junte os números indicados para formar as palavras

1	2	3	4	5	6	7	8	9	10	11	12
le	lu	la	ve	lo	ta	do	me	sa	da	bo	va

a) 5+11 _____
b) 3+6 _____
c) 8+7 _____
d) 2+12 _____
e) 11+5 _____

f) 11+6 _____
g) 11+3 _____
h) 4+3 _____
i) 9+3+10 _____
j) 8+3+7 _____

6 Leia o texto e observe a imagem.

O baú

Ivete deu um baú a Rui.
No baú tem bola, apito, rádio.
Tem rede, sapato e roupa.
A roupa é do vovô Renato.
O baú é bonito.

7 Complete as frases de acordo com o texto.

_____ deu um _____ a _____.
No baú tem bola, _____, _____.
Tem rede, _____ e _____.
A roupa é do vovô _____.
O _____ é bonito.

cavalo

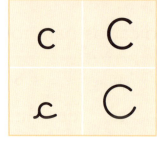

Vamos ouvir

Corre, cutia

Corre, cutia
Na casa da tia
Corre, cipó
Na casa da avó
Lencinho na mão

Caiu no chão
Moça bonita
Do meu coração
Um, dois, três.

Parlenda.

- Circule na parlenda todas as palavras com **C, c**.

Atividades

1 Reescreva as sílabas com letra cursiva.

ca   co   cu

_____   _____   _____

Ca   Co   Cu

_____   _____   _____

2 Leia atentamente cada palavra a seguir.

Caco	cueca	cuíca	camelo	peteca
boca	vaca	cocada	bico	sacola
cavalo	Camila	cabide	cão	pipoca

76 Linguagem

3 Complete as palavras com *ca*, *co* ou *cu* e copie-as.

a) _____eca

c) sa_____la

e) _____co

b) _____melo

d) pipo_____

f) va_____

4 Separe as sílabas destas palavras. Observe o exemplo.

a) cabide ca-bi-de

d) canudo _____

b) cuíca _____

e) vaca _____

c) sacola _____

f) bicudo _____

5 Copie as frases substituindo as figuras pelo nome.

a) O é da  .

_____

b) O come  .

_____

6 Complete o diagrama com o nome das figuras.

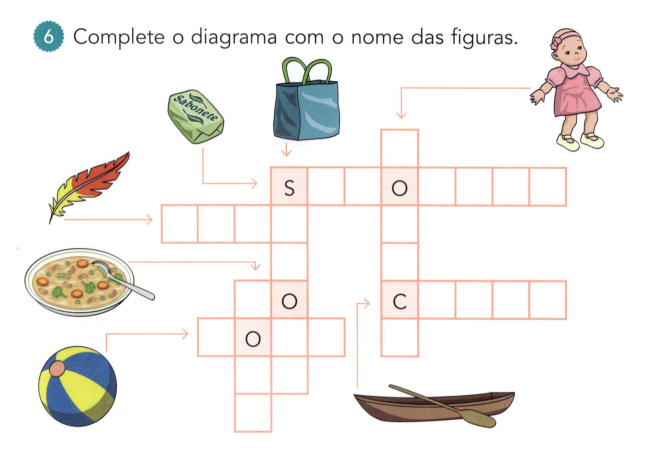

7 Marque um **X** no nome de cada figura.

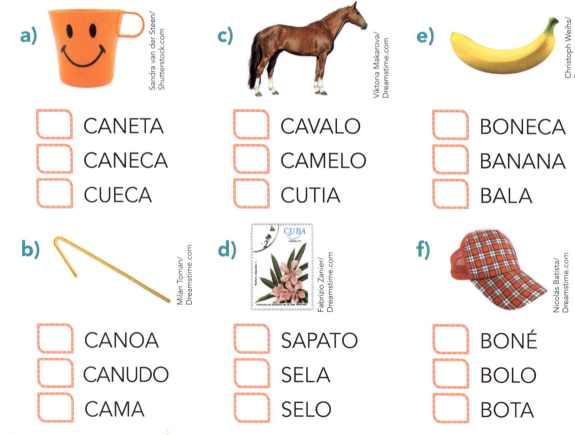

a) ☐ CANETA ☐ CANECA ☐ CUECA

c) ☐ CAVALO ☐ CAMELO ☐ CUTIA

e) ☐ BONECA ☐ BANANA ☐ BALA

b) ☐ CANOA ☐ CANUDO ☐ CAMA

d) ☐ SAPATO ☐ SELA ☐ SELO

f) ☐ BONÉ ☐ BOLO ☐ BOTA

8 Leia o texto e pinte a imagem.

Camila, Raiana e Caio
Camila come pipoca e coco.
Raiana come cocada
e bebe suco de uva.
Caio viu a cocada e pediu:
— Raiana, me dê uma cocada?

9 Complete as frases de acordo com o texto.

_____ come _____ e _____.
Raiana _____ cocada e bebe suco de _____.
_____ viu a cocada e _____:
— _____, me _____ uma cocada?

10 Marque um **X** nas frases que estão de acordo com o texto.

☐ Raiana come pipoca e coco.
☐ Camila come cocada.
☐ Raiana bebe suco de uva.
☐ Caio pediu uma cocada.

11 Escreva o nome das crianças do texto.

a) _____   b) _____   c) _____

Linguagem

gato

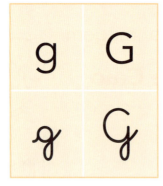

Vamos ouvir

O gabola

O gato Frajola
põe a cartola
mas não vai
à escola.

Vai é pra festa
ou fazer seresta
o gato Frajola
o grande gabola.

Maria Celia Bueno. *Misturando versos*. Belo Horizonte: Vigília, 1986. p. 6.

- Circule no poema todas as palavras com **G**, **g**.

Atividades

1 Reescreva as sílabas com letra cursiva.

ga go gu Ga Go Gu

2 Leia atentamente cada palavra a seguir.

gado	gota	gola	gaveta	gato
goiaba	legume	Guga	água	gago
colega	galo	galope	gavião	agudo

80 Linguagem

3 Complete as palavras com *ga*, *go* ou *gu* e copie-as.

a) ___to   c) bi___de   e) ___lo

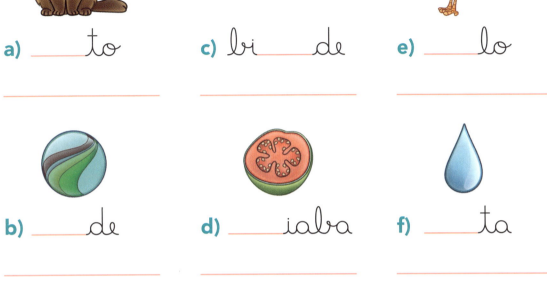

b) ___de   d) ___iaba   f) ___ta

4 Separe as sílabas e escreva o número de sílabas de cada palavra.

a) colega _____   d) gatão _____

b) gamela _____   e) gola _____

c) legume _____   f) Guga _____

5 Junte as sílabas e escreva com letra cursiva as palavras formadas.

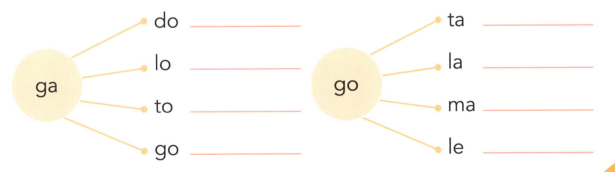

Linguagem 81

6 Leia o texto e observe a imagem.

Guga

Guga tem um gato
e um papagaio.
O gato de Guga bebeu
leite e comeu pão.
O papagaio bicou o
pão e voou.
Guga bebeu suco de cacau
E comeu goiabada.

7 Responda às questões de acordo com o texto.

a) Qual é o nome do texto?

_____

b) Quais animais aparecem no texto?

_____

8 Marque um **X** na resposta certa de acordo com o texto.

a) Guga tem:

☐ um gato e um galo. ☐ um gato e um papagaio.

b) O gato bebeu:

☐ suco.   ☐ leite.   ☐ água.

c) Guga comeu:

☐ cocada.   ☐ goiabada.   ☐ pipoca.

jaca

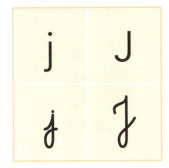

Vamos ouvir

Quer jaca? Já para a jaqueira!
Quer jiló? Já para o jiloeiro!
Quer jambo? Já para o jambeiro!
Quer jenipapo? Já para o jenipapeiro!
Quer jabuticaba? Já para a jabuticabeira!

Jonas Ribeiro. *Alfabético: almanaque do alfabeto poético.*
São Paulo: Editora do Brasil, 2015. p. 36.

- Circule o nome das frutas que você conhece.

Atividades

1 Reescreva as sílabas com letra cursiva.

ja   je   ji   jo   ju

Ja   Je   Ji   Jo   Ju

2 Leia atentamente cada palavra a seguir.

jaca	cajá	jiboia	jogo	caju
janela	jujuba	jiló	João	Joana
tijolo	sujo	Juca	jipe	Juliana

Linguagem

3 Complete as palavras com *ja, je, ji, jo* ou *ju* e copie-as.

a) _____ca   c) ti_____lo   e) _____boia

b) _____pe   d) ca_____   f) _____nela

4 Numere as cenas de acordo com as frases.

[1] Juliana pegou a joia.   [3] Juca joga bola.

[2] O jipe é do papai.   [4] O suco é de caju.

5 Leia o texto e observe a imagem.

O jipe

João é amigo de Guga
e de Juliana.
O pai de João tem um jipe.
Ele levou Guga, João e Juliana
de jipe ao sítio do tio Tadeu.
Da janela do jipe João viu
um pé de jaca.
No sítio, João comeu jaca
e bebeu suco de cajá.

6 Complete as frases de acordo com o texto.

João é _____ de _____
e de _____.
O pai de _____ tem um _____.

7 Sublinhe a frase que está de acordo com o texto.

a) Da janela do jipe João viu um pé de cajá.
b) João comeu jaca e bebeu suco de cajá.

8 Coloque a ou o antes das palavras a seguir.

a) ___ jiló
b) ___ caju
c) ___ jaca
d) ___ cajuada
e) ___ jabuticaba
f) ___ jabuti

Linguagem 85

9 Ordene as sílabas de acordo com os números e escreva as palavras formadas.

a) ③ ti ② bu ① ja

_____

b) ③ a ① ji ② boi

_____

c) ② ju ① ju ③ ba

_____

d) ② ão ① Jo

_____

e) ② jo ① su

_____

f) ① ji ② ló

_____

10 Leia as palavras de cada coluna e circule os nomes de pessoas. Depois, copie-os.

cajá	sujo	jeito
Joana	jogo	janela
jabuti	Júlia	caju
jiló	jipe	João
tijolo	jiboia	jeca

_____

11 Forme uma frase com o nome de cada imagem a seguir.

a) _____

_____

b) _____

_____

fada

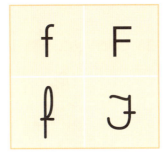 

Vamos ouvir

Fiandeira, por que fias?
Fio fios contra o frio.
Fiandeira, pra quem fias?
Fio fios pros meus filhos.
Fiandeira, com que fias?
Com fieiras de três fios.

Tecelagem. Sérgio Capparelli. *111 poemas para crianças*. Porto Alegre: L&PM, 2009. p. 110.

- Circule no poema todas as palavras com **F**, **f**.

Atividades

1 Reescreva as sílabas com letra cursiva.

fa	fe	fi	fo	fu
Fa	Fe	Fi	Fo	Fu

2 Leia atentamente cada palavra a seguir.

fivela	Fábio	feijão	fogo	fubá
feio	fofoca	fofo	fogão	figa
foca	bife	Fabiana	fígado	fita

3 Complete as palavras com *fa, fe, fi, fo* ou *fu* e copie-as.

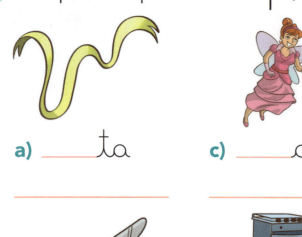

a) ____ ta   c) ____ da   e) ____ ca

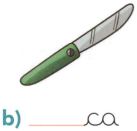

b) ____ ca   d) ____ gão   f) bi ____

4 Complete o quadro com a separação de sílabas das palavras a seguir. Observe o exemplo.

a) FIVELA	FI	-	VE	-	LA
b) FOFOCA		-		-	CA
c) CAFÉ	CA	-		-	
d) FELIPE		-	LI	-	
e) MOFADO	MO	-		-	
f) SOFÁ	SO	-		-	
g) FÁTIMA		-	TI	-	
h) FEIJÃO		-	JÃO	-	

5 Leia o texto e observe a imagem.

Se eu fosse uma fada

Ah! se eu fosse uma fada,
Dessas que são invisíveis...
Com minha varinha mágica
Faria coisas incríveis. [...]

Ah! se eu fosse uma fada,
Quanta coisa eu faria...
Com minha varinha mágica
Quase tudo eu mudaria. [...]

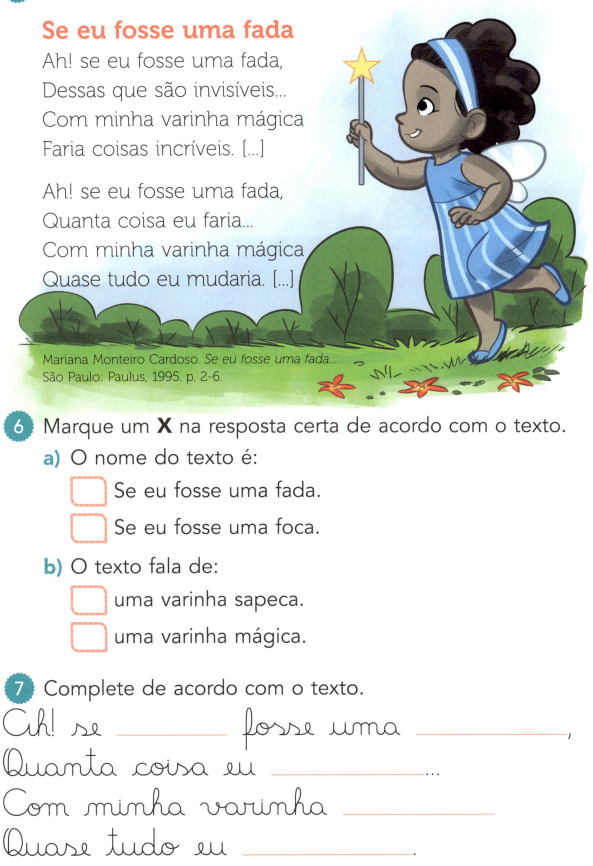

Mariana Monteiro Cardoso. *Se eu fosse uma fada...*
São Paulo: Paulus, 1995. p. 2-6.

6 Marque um **X** na resposta certa de acordo com o texto.
   a) O nome do texto é:
   ☐ Se eu fosse uma fada.
   ☐ Se eu fosse uma foca.

   b) O texto fala de:
   ☐ uma varinha sapeca.
   ☐ uma varinha mágica.

7 Complete de acordo com o texto.

Ah! se _____ fosse uma _____,
Quanta coisa eu _____...
Com minha varinha _____
Quase tudo eu _____.

Linguagem

8 Junte os números indicados para formar as frases.

1	2	3	4	5	6	7	8
O	A	fubá	é	bolo	menino	de	um

9	10	11	12	13	14	15	16
foca	sabido	Fábio	fita	figo	come	bonita	Fifi

a) 11+4+8+6+10

_____

b) 2+12+4+7+16

_____

c) 1+5+4+7+3

_____

d) 2+9+4+15

_____

e) 11+14+13

_____

9 Ligue corretamente as palavras às figuras apresentadas.

a) figa •
   fubá •
   fofoca •

c) fita •
   fogo •
   fada •

b) feijão •
   figo •
   bife •

d) café •
   fivela •
   feijão •

zebra

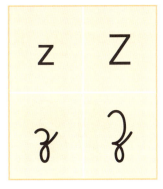

Vamos ouvir

A zebra zimbabuana
Zanza bem zaragateira
E ziguezagueia zonza
Zoa e zune zombeteira

Rosinha. *ABC do trava-língua*. São Paulo: Editora do Brasil, 2012. p. 28.

- Conte no trava-língua todas as palavras com **Z**, **z** e registre no quadro.

Atividades

1 Reescreva as sílabas com letra cursiva.

za   ze   zi   zo   zu

Za   Ze   Zi   Zo   Zu

2 Leia atentamente cada palavra a seguir.

vazio	Zélia	buzina	azeite	batizado
amizade	dezena	Zeca	azeitona	azedo
dúzia	azulão	zebu	doze	Zazá

Linguagem 91

3 Complete as palavras com *za, ze, zi, zo* ou *zu* e copie-as.

a) a____lão

c) do____

e) ____bra

b) bu____na

d) ____bu

f) ____per

4 Complete as palavras com as letras que faltam.

a) VA____IO   c) ____ÉLIA   e) AMI____ ____DE

b) DÚ____IA   d) BATI____ ____DO   f) DE____ ____NA

5 Encontre no diagrama palavras com a letra **Z** e reescreva-as ao lado. Observe o exemplo.

G	B	H	I	Z	E	B	U
T	U	M	A	C	B	E	H
A	Z	E	I	T	O	N	A
K	I	D	V	T	I	V	V
C	N	O	X	M	H	S	T
U	A	Z	E	I	T	E	V
M	O	E	Q	R	A	X	Z

1. zebu
2. ____
3. ____
4. ____
5. ____

6 Leia o texto e observe a imagem.

Zebrinha

Coitada da zebra!
É tão pobrezinha,
só tem uma roupa,
a coitadinha!
Dorme de pijama,
pijama de listrinha,
e passa dias inteiros
vestida de pijaminha.
Que tal a gente se juntar
e fazer uma vaquinha
pra comprar pra zebrinha
vestido de bolinha?

Wânia Amarante. *Cobras e lagartos*. São Paulo: FTD, 2011. p. 49.

7 Complete as frases de acordo com o texto.

_____ da zebra!
É _____ pobrezinha,
só tem uma _____,
a _____!
Dorme de _____,
_____ de listrinha

8 Marque a resposta correta de acordo com o texto.

a) A zebra dorme de:
☐ saia.   ☐ pijama.   ☐ cueca.

b) A zebra não tem:
☐ sapato.   ☐ cama.   ☐ roupa.

9) Coloque a ou o antes das palavras a seguir.

a) _____ zebu
b) _____ faca
c) _____ roupa
d) _____ bife
e) _____ figa

f) _____ azeite
g) _____ azeitona
h) _____ buzina
i) _____ foca
j) _____ fita

10) Ordene as palavras e escreva, com letra cursiva, as frases formadas.

a) tocou   buzina.   Zélia   a

_____

b) tomate   Juliana   e   com   bife   come   azeite.

_____

11) Complete o diagrama com o nome das figuras.

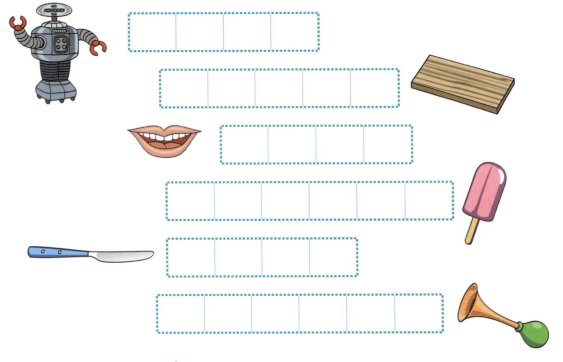

94 Linguagem

xale

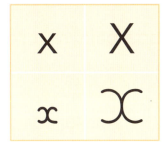

Vamos ouvir

Xisto e Xênia

Xisto é o xodó da vovó Xênia.
Ele é muito levado e xereta.
Mexe em tudo!
Na caixa, no xale, no xarope,
na xícara e no xaxim da vovó.
O beijo xoxo de Xisto deixa a
vovó toda feliz.

■ Copie do texto todas as palavras com **X**, **x**.

_____

_____

Atividades

1 Reescreva as sílabas com letra cursiva.

xa   xe   xi   xo   xu

___   ___   ___   ___   ___

Xa   Xe   Xi   Xo   Xu

___   ___   ___   ___   ___

2 Leia atentamente cada palavra a seguir.

xale	lixa	coxa	caixão	mexia
peixe	maxixe	roxo	luxo	faxina
caixote	ameixa	abacaxi	Xuxa	faixa

3 Complete as palavras com *xa, xe, xi, xo* ou *xu* e copie-as.

a) _____ xerife

c) abaca _____

e) pei _____

b) li _____

d) cai _____

f) li _____

4 Forme o par. Observe o exemplo.

a) o rato _____ a rata

b) o gato _____

c) o pato _____

d) o titio _____

5 Leia o texto e observe a imagem.

O xale

Vovô Aleixo dá uma caixa a vovó.
A caixa é bonita e tem uma fita roxa.
Vovó mexeu na caixa e pegou um xale.
Vovó deu um beijo em vovô.
Ele ficou roxo como a fita roxa.

6 Complete as frases de acordo com o texto.

Vovô Aleixo dá uma caixa a _____.

A caixa é bonita e tem uma fita _____.

Vovó mexeu na caixa e pegou um _____.

Vovó deu um beijo em vovô.

Ele ficou _____ como a fita roxa.

7 Copie as frases substituindo as figuras pelos nomes.

a) Aleixo colocou o 🍍 na 📦.

_____

b) O  da vovó é roxo.

8 Ligue cada figura ao nome dela e copie-o com letra cursiva.

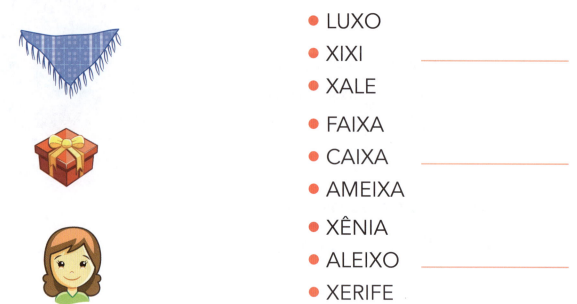

- LUXO
- XIXI
- XALE
- FAIXA
- CAIXA
- AMEIXA
- XÊNIA
- ALEIXO
- XERIFE

9 Complete o diagrama com o nome das figuras.

P
E
T
E
C
A

Revisando tudo o que foi estudado

Vamos cantar

Fui no itororó

Fui no itororó
Beber água e não achei.
Achei bela morena
Que no itororó deixei.
Aproveita, minha gente,
Que uma noite não é nada.
Se não dormir agora,
Dormirá de madrugada.

Ô Maria, ô Mariazinha,
Entra nesta roda ou dançarás sozinha. [...]

Cantiga.

- Circule na cantiga todas as palavras com **C**, **G**, **J**, **F**, **Z** e **X**.

1 Complete o quadro com as famílias silábicas.

cavalo						cu
gato					go	
jaca			ji			
fada					fo	
zebra						zu
xale	xa					

2 Complete as palavras com as sílabas que faltam e copie-as.

a) ___ boia

c) so ___

e) ___ valo

b) ___ bu

d) li ___

f) papa ___ o

3 Separe as sílabas e escreva o número de sílabas de cada palavra.

a) legume _____

b) azeitona _____

c) feijão _____

d) cadeado _____

e) batizado _____

f) abacaxi _____

g) Juliana _____

100 Linguagem

4 Copie as frases substituindo as figuras pelos nomes.

a) Camila comeu a 🍐 toda.

_____

b) Papai colocou o 🐟 no caixote.

_____

c) Vovô Cazuza tocou a 📯.

_____

5 Leia o texto e observe a imagem.

O macaco

O macaco de Zeca pula, pula.
Ele pula e bate a bola.
A bola cai e rola, rola.
Ela rola até a caixa de maxixe.
O macaco ri, ri.
Zeca imita o macaco.

6 Complete de acordo com o texto.

O _____ de _____ pula, pula.
Ele pula e _____ a bola.
A bola _____ e rola, rola.
_____ imita o _____.

Linguagem

7 Ligue corretamente para formar frases de acordo com o texto.

a) O macaco pula e bate a •
- • bola.
- • mala.
- • cola.

b) Zeca imita o •
- • gato.
- • macaco.
- • pato.

8 Coloque *a* ou *o* antes das palavras a seguir.

a) _____ sapato
b) _____ gavião
c) _____ caixa
d) _____ xale

e) _____ feijão
f) _____ gaiola
g) _____ azeitona
h) _____ jaca

9 Complete o diagrama com o nome das figuras. Siga o exemplo.

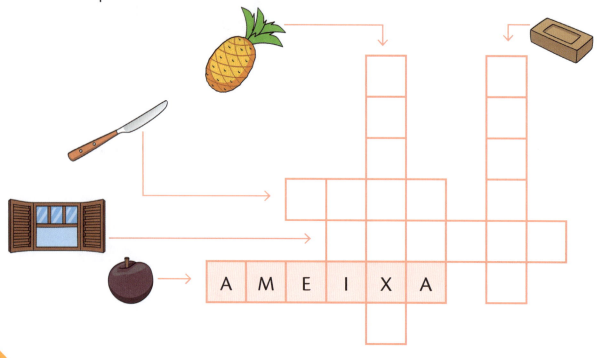

A M E I X A

hora

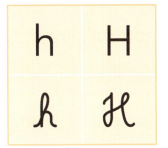

Vamos ouvir

O relógio

Passa, tempo, tic-tac
Tic-tac, passa, hora
Chega logo, tic-tac
Tic-tac, e vai-te embora
Passa, tempo
Bem depressa
Não atrasa
Não demora
Que já estou
Muito cansado
Já perdi
Toda a alegria
De fazer
Meu tic-tac
Dia e noite
Noite e dia
Tic-tac
Tic-tac
Tic-tac...

Vinicius de Moraes. In: *Antologia Poética*. São Paulo: Cia. das Letras, Editora Schwarcz Ltda., 1992. p. 11.

- Circule no poema todas as palavras com a letra **h**.

Atividades

1. Reescreva as sílabas com letra cursiva.

ha   he   hi   ho   hu

Ha   He   Hi   Ho   Hu

2 Leia atentamente cada palavra a seguir.

hoje	homem	Hélio	hiena
hélice	Helena	hálito	hipopótamo
Hugo	hora	holofote	humano

3 Complete as palavras com *ha*, *he*, *hi*, *ho* ou *hu* e copie-as.

a) ____lice

c) ____rpa

e) ____lena

b) ____lofote

d) ____go

f) ____ena

4 Separe as sílabas destas palavras.

a) hora ____

b) hábito ____

c) hino ____

d) horário ____

e) humano ____

f) Hugo ____

g) herói ____

h) hiena ____

5 Leia o texto e observe a imagem.

A hora da novidade

Hugo é um menino sapeca e muito sabido.
Ele é amigo de Hélio e de Helena.
Na hora da novidade, ele levou a fotografia do hipopótamo e da hiena.
Hélio falou:
— O hipopótamo é muito fofo!

6 Copie do texto todas as palavras que começam com **H, h**.

_____

_____

7 Ligue corretamente para formar frases de acordo com o texto.

- levado.

a) Hugo é um menino •
- bonito.
- sapeca.

- rato.

b) Hugo levou a fotografia de um •
- camelo.
- hipopótamo.

- leve.

c) Hélio falou:
— O hipopótamo é muito •
- fofo.
- bonito.

Linguagem 105

queijo

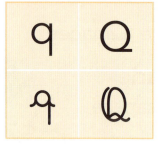
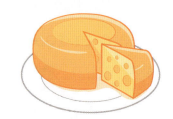

Vamos ouvir

Quico quebrou o queixo
Quando quis comer queijada
Queijada quebra queixo
Queijo quebra quando coalha

Rosinha. *ABC do trava-língua*.
São Paulo: Editora do Brasil, 2012. p. 20.

- Copie do texto todas as palavras com **Q**, **q**.

_____

_____

Atividades

1 Reescreva as sílabas com letra cursiva.

que _____   qui _____

Que _____   Qui _____

2 Leia atentamente cada palavra a seguir.

leque	quiabo	queijo	Quitéria
quibe	Roque	coqueiro	moleque
queda	queijada	líquido	caqui

106 Linguagem

3 Complete as palavras com *que* ou *qui* e copie-as.

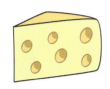  

a) ____ijo   c) ca____   e) co____iro

b) ra____te   d) ____be   f) le____

4 Separe as sílabas destas palavras e reescreva-as.

a) queda

b) quiabo

c) moleque

d) queijo

e) caqui

f) queixo

g) coqueiro

h) equipe

i) quilo

Linguagem 107

5 Complete o diagrama com o nome das figuras.

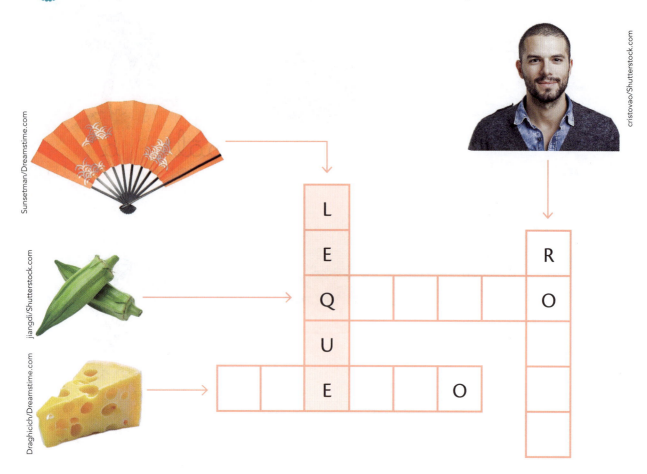

6 Ordene as palavras de acordo com os números e escreva as frases formadas.

④ ⑤ ⑥ ① ② ③
a) feito   de   leite.   O   queijo   é

_____

② ① ⑥ ③ ④ ⑤
b) rato   O   queijo.   Roque   rói   o

_____

⑤ ③ ⑥ ① ④ ②
c) vovó   é   Quitéria.   O   da   leque

_____

108 Linguagem

7 Leia o texto e observe a imagem.

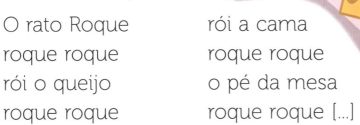

O rato Roque

O rato Roque
roque roque
rói o queijo
roque roque

rói a cama
roque roque
o pé da mesa
roque roque [...]

Sérgio Caparelli. *Boi da cara preta*. 36. ed. Porto Alegre: L&PM, 2010. p. 52.

8 Complete as frases de acordo com o texto.

O rato _____

roque _____

rói o _____

roque roque _____

rói a _____

roque _____

o pé da _____

roque _____.

9 Responda às questões de acordo com o texto.

a) Qual é o nome do texto?

_____

b) O que o rato rói?

_____

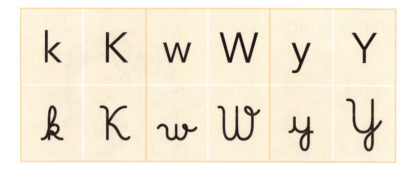

kiwi

Vamos ouvir

K, W e Y

São letras novas
Em nosso alfabeto.
Kelly, Wilson e Yone
Já sei escrever.
Kauã, Wellington e Yuri
Vou agora aprender.

As autoras.

- No poema, sublinhe de verde as palavras com **K**, de vermelho as palavras com **W** e de azul as palavras com **Y**.

Atividades

1 Reescreva as letras com letra cursiva.

k _____ K _____
w _____ W _____
y _____ Y _____

2 Leia atentamente cada palavra a seguir.

| karaokê | kart | kiwi | ketchup |

| workshop | waffle | watt | windsurfe |

| yakisoba | yin-yang | Yan | Yasmin |

3 Complete o diagrama com o nome das marcas a seguir.

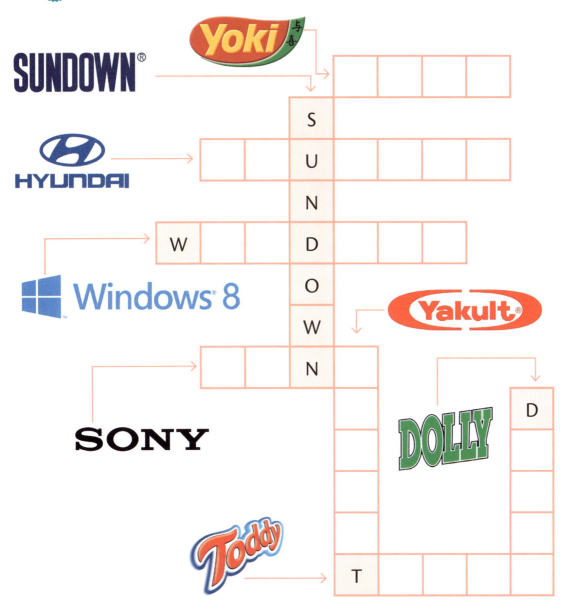

4 Pesquise em jornais, revistas ou folhetos palavras com as letras a seguir. Recorte-as e cole-as no quadro.

Linguagem

Revisando o alfabeto

Todas as vogais e consoantes formam o alfabeto.
O alfabeto pode ser maiúsculo ou minúsculo.

Alfabeto minúsculo

a	b	c	d	e	f	g	h	i	j	k	l	m
n	o	p	q	r	s	t	u	v	w	x	y	z

Alfabeto minúsculo cursivo

a	b	c	d	e	f	g	h	i	j	k	l	m
n	o	p	q	r	s	t	u	v	w	x	y	z

Alfabeto maiúsculo

A	B	C	D	E	F	G	H	I	J	K	L	M
N	O	P	Q	R	S	T	U	V	W	X	Y	Z

Alfabeto maiúsculo cursivo

A	B	C	D	E	F	G	H	I	J	K	L	M
N	O	P	Q	R	S	T	U	V	W	X	Y	Z

Linguagem

Vamos ouvir
O alfabeto

A, B, C, D,
E, F, G
As letras eu
Agora vou ler.
H, I, J, K
Também
Vou escrever.
L, M, N,
O, P, Q, R
Mais letrinhas
Para fazer.
S, T, U, V,
W, X, Y, Z
São 26 letras
Que eu acabo
de aprender.

Eliana Almeida

Atividades

1. Pinte de amarelo as vogais que aparecem na imagem e de vermelho as consoantes.

Linguagem

2 Escreva nomes e palavras com as letras a seguir. Veja os exemplos.

- Com **A** escrevo _Alice_ e _abacaxi_.
- Com **B** escrevo _Beto_ e _boné_.
- Com **C** escrevo _____ e _____.
- Com **D** escrevo _____ e _____.
- Com **E** escrevo _____ e _____.
- Com **F** escrevo _____ e _____.
- Com **G** escrevo _____ e _____.
- Com **H** escrevo _____ e _____.
- Com **I** escrevo _____ e _____.
- Com **J** escrevo _____ e _____.
- Com **K** escrevo _____ e _____.
- Com **L** escrevo _____ e _____.
- Com **M** escrevo _____ e _____.
- Com **N** escrevo _____ e _____.
- Com **O** escrevo _____ e _____.
- Com **P** escrevo _____ e _____.
- Com **Q** escrevo _____ e _____.
- Com **R** escrevo _____ e _____.
- Com **S** escrevo _____ e _____.
- Com **T** escrevo _____ e _____.
- Com **U** escrevo _____ e _____.
- Com **V** escrevo _____ e _____.
- Com **W** escrevo _____ e _____.
- Com **X** escrevo _____ e _____.
- Com **Y** escrevo _____ e _____.
- Com **Z** escrevo _____ e _____.

Linguagem

3 Complete, com letra cursiva, o alfabeto maiúsculo.

A - B - _____

_____

4 Complete, com letra cursiva, o alfabeto minúsculo.

a - b - _____

_____

5 Complete os nomes com letras maiúsculas, na ordem alfabética.

___nita	___úlia	___ueli
___eto	___elly	___adeu
___amila	___aís	___baldo
___avi	___ário	___ânia
___liana	___ina	___illiam
___abiana	___to	___isto
___uto	___aulo	___ara
___elena	___uitéria	___élia
___vo	___enato	

6 Escreva frases com palavras escritas com k, w ou y.

k _____

w _____

y _____

116 Linguagem

ce	Ce	ci	Ci
ce	*Ce*	*ci*	*Ci*

cebola

Vamos cantar

Ciranda, cirandinha

Ciranda, cirandinha
Vamos todos cirandar
Vamos dar a meia-volta
Volta e meia vamos dar.

O anel que tu me deste
Era vidro e se quebrou.
O amor que tu me tinhas
Era pouco e se acabou.

Cantiga.

- Copie da cantiga todas as palavras com **ce** e **ci**.

Atividades

1 Leia atentamente cada palavra a seguir.

macio	bacia	cego	cinema	Cibele
vacina	cebola	cevada	cigano	felicidade
Cecília	cidade	Célia	cela	você

Linguagem 117

2 Complete as palavras com *ca* ou *ci* e copie-as.

a) sa____   c) te____do   e) ____dade

_____   _____   _____

  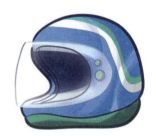

b) do____   d) ba____a   f) capa____te

_____   _____   _____

3 Leia as palavras a seguir e copie-as na coluna correta.

cigana   doce   cabelo   cama
óculos   coqueiro   cutia   bacia
Camila   cueca   sacola   cela
copo   cinema   cego

ca	ce	ci	co	cu

Linguagem

4 Leia e observe a imagem.

A sopa de cebola

Cibele toma sopa de cebola com Célio.
Célio é amigo de Cibele.
Mamãe Celina colocou tomate e batata-doce na sopa.
Célio falou:
— A sopa é boa e tem vitaminas.

5 Circule no texto as palavras com **ce** e **ci**.

6 Escreva o nome do texto.

_____

7 Escreva os nomes com **Ce** e **Ci**.

_____

8 Complete as frases de acordo com o texto.

_____ toma sopa de _____ com _____.

_____ é amigo de _____.

Mamãe _____ colocou tomate e batata-doce na _____.

Célio falou:
— A _____ é boa e tem vitaminas.

Linguagem 119

9) Numere as frases de acordo com as cenas.

☐ Cecília toma sopa de cebola.

☐ A cidade é bonita.

☐ O capacete é do motoqueiro.

☐ Estou tomando vacina hoje.

10) Siga o exemplo.

a) o doce _os doces_ e) o tecido _____

b) a cela _____ f) a cebola _____

c) a bacia _____ g) a cigana _____

d) o saci _____ h) o cinema _____

ge	Ge	gi	Gi
ge	Ge	gi	Gi

gelatina

Vamos ouvir

Gina é uma gracinha de gata.
Um gole de guaraná com gengibre faz
a gatinha Gina gemer e gaguejar.
Outra gamação da Gina é Gil,
um gato gaitista genial.
Uma vez, o Gil deu um grande
girassol à sua gatinha.
Gina gemeu e gaguejou tanto
que até ficou gripada
(e nem foi gripe de garoa,
foi mesmo gripe de gamação).

Jonas Ribeiro. *Alfabético, almanaque do alfabeto poético.* São Paulo: Editora do Brasil, 2015. p. 29.

- Circule no poema todas as palavras com **ge**, **gi**, **Ge** ou **Gi**.

Linguagem

Atividades

1 Leia atentamente cada palavra a seguir.

mágico	regime	gilete	gelado	gibi
geleia	Gina	tigela	gelatina	gemido
página	gelo	colégio	geada	mugido

2 Complete as palavras com *ge* ou *gi* e copie-as.

a) ___ma   c) ___leia   e) ti___la

b) ___bi   d) reló___o   f) má___co

3 Ordene as palavras de acordo com os números e escreva as frases formadas.

a) (2) tomou   (4) gelada.   (1) Gina   (3) gemada

b) (5) mugido.   (2) vaca   (3) deu   (1) A   (4) um

122 Linguagem

4 Pinte de amarelo as palavras com **ge** e **gi** e de azul as palavras com **ga**, **go** e **gu**.

gemada	goma	gola
girafa	goiaba	relógio
Rogério	agudo	gota
gado	tigela	angu
gulodice	gorila	Regina

5 Agora, copie as palavras da atividade anterior de acordo com as orientações a seguir.

a) Palavras com **ge** e **gi**.

_____

b) Palavras com **ga**, **go** e **gu**.

_____

_____

6 Complete o diagrama com o nome das figuras. Escreva uma sílaba em cada quadrinho. Veja o exemplo.

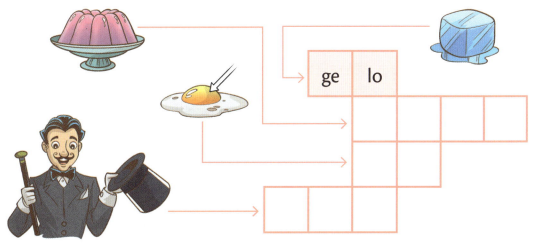

Linguagem 123

7 Leia o texto e observe a imagem.

A gelatina de Gina

Gina é uma menina que ajuda muito a mãe.
Ela colocou a gelatina na tigela.
Gina deu a gelatina gelada a Gegê.
Gegê é o vigia do colégio de Gina.
Ele amou a gelatina.

8 Ligue corretamente para formar frases de acordo com o texto.

a) Gina ajuda muito a •
- • avó.
- • tia.
- • mãe.

b) Ela colocou a gelatina na •
- • bacia.
- • tigela.
- • cuia.

c) Gina deu •
- • a gemada a Gegê.
- • o gelo a Gegê.
- • a gelatina a Gegê.

9 Passe para o plural. Observe o exemplo.

a) a tigela — *as tigelas*

b) o gelo _____

c) a gelatina _____

d) a gema _____

e) a gilete _____

f) o relógio _____

g) o mágico _____

10 Forme uma frase com o nome de cada imagem a seguir.

a) _____

b) _____

c) _____

Linguagem 125

Maria

Vamos ouvir

Maria Madeira

Aonde vai Maria Madeira,
Sentadinha na sua cadeira,
Fiando seu algodão,
Pela casa do capitão?

O capitão não estava aí,
Ora, demos com ela no chão,
Ora, demos com ela no chão.

É de rin-fin-fin,
É de rin-fon-fon,
É de cor de limão,
De Nossa Senhora
Da Conceição.

Cantiga.

- Circule na cantiga todas as palavras com **r** entre vogais e copie-as.

Atividades

1 Leia atentamente cada palavra a seguir.

Maria	muro	barata	sereno	diário
careta	peruca	carioca	girafa	coração
farofa	cereja	urubu	curativo	coreto

Linguagem

2 Complete as palavras com *ra, re, ri, ro* ou *ru* e copie-as.

a) cenou___ c) co___ja e) co___to

b) pe___ d) ce___ja f) ba___ta

3 Coloque *a* ou *o* antes das palavras a seguir.

a) ___ pirulito i) ___ barata
b) ___ cadeira j) ___ coroa
c) ___ madeira k) ___ urubu
d) ___ careca l) ___ cenoura
e) ___ peru m) ___ peneira
f) ___ arara n) ___ Mariana
g) ___ marido o) ___ fera
h) ___ Cícero p) ___ touro

4 Junte as formas iguais para formar palavras. Siga a ordem numérica.

2	1	3	1	3	1	2	3
ra	ma	fe	pa	ta	A	ri	de

2	3	1	2	2	2	1	1
re	do	va	ri	ri	re	xe	va

a) ⭕ _____ d) 🟨 _____

b) ⬠ _____ e) ⬡ _____

c) ⯃ _____ f) ⬭ _____

5 Ordene as palavras de acordo com os números e escreva as frases formadas.

a) (2) comeu (1) Vera (4) de (3) doce (5) cereja.

_____

b) (4) colorida. (1) A (3) é (2) arara

_____

c) (3) suco (1) Mauro (5) cenoura. (4) de (2) toma

_____

d) (4) cadeira. (2) coloriu (1) Marina (3) a

_____

128 **Linguagem**

6 Leia o texto e observe a imagem.

A arara

Vovô Ari deu uma arara à Maria.
A arara é bonita e colorida.
Ela fugiu para o muro e vovô foi pegá-la.
A arara bicou a careca do vovô.
Maria colocou remédio e curativo na ferida do vovô.
O vovô riu muito.

7 Escreva:

a) o nome do texto; _____

b) os nomes de pessoas que aparecem no texto.

_____

8 Numere as frases de acordo com a sequência dos fatos no texto.

☐ Ela fugiu para o muro.

☐ Vovô foi pegá-la.

☐ Vovô Ari deu uma arara à Maria.

☐ A arara é bonita e colorida.

☐ A arara bicou a careca do vovô.

☐ Vovô riu muito.

ca**rr**o

Vamos ouvir

João-de-barro
Já pensou
Se alguém
Colocar rodinhas
Na casinha dele?

Aí, joão-de-barro
Passa a se chamar
João-de-carro!

_{Lalau e Laurabeatriz. *Zum-zum-zum e outras poesias.* São Paulo: Companhia das Letrinhas, 2007. p. 26.}

- Circule no poema todas as palavras com **rr** e copie-as.

Atividades

1 Leia atentamente cada palavra a seguir.

carro	terra	varre	bezerro	burro
barraca	garrafa	correio	barro	beterraba
torrada	jarro	socorro	ferradura	terreno

2 Complete as palavras com rr e copie-as.

a) bete___aba   c) ga___afa   e) bu___o

b) ca___uagem   d) to___ada   f) se___ote

3 Separe as sílabas destas palavras. Observe os exemplos.

a) carreta _car-re-ta_   careta _ca-re-ta_

b) torra _____ tora _____

c) murro _____ muro _____

d) forra _____ fora _____

e) carro _____ caro _____

f) mirra _____ mira _____

g) morro _____ moro _____

- Observe a maneira de separar as sílabas das palavras acima. O que se pode concluir?

Linguagem

4) Complete as palavras com r ou rr e copie-as.

a) a____ara   c) se____ote   e) cadei____a

_____   _____   _____

b) ba____aca   d) a____ame   f) go____o

_____   _____   _____

5) Complete os espaços com as palavras do quadro e copie as frases.

beterraba – arara – varre

a) Comi salada de _____.

_____

b) A _____ bicou a torrada.

_____

c) Barreto _____ a rua.

_____

132 Linguagem

6 Leia o texto e observe a imagem.

No barraco do carrapato

[...]

— Burro, sabe como se vai até o barraco do carrapato? Me leva lá...

— Sei — falou o burro.

— Sobe no meu carro e eu corro. Subo a serra e vou ao morro. [...]

— Mico Maneco, cadê meu sapato?

— Ficou sujo de barro, no meio da terra, no barraco do Carrapato.

Ana Maria Machado e Claudius. *No barraco do carrapato*. São Paulo: Salamandra, 1988. p. 3, 5, 17.

7 Responda:

a) Qual é o nome do texto?

b) Quais são os animais que estão conversando?

c) O que aconteceu com o sapato?

d) Aonde eles pretendem chegar?

e) Onde fica o barraco do carrapato?

8 Circule no texto todas as palavras com **rr** e copie-as.

9 Encontre no diagrama oito palavras com **rr** e copie-as.

Q	F	E	R	R	A	D	U	R	A	A	I	O	P	Q
W	T	U	V	B	A	R	R	I	G	A	L	M	N	B
Z	E	V	L	O	N	X	Q	A	B	L	A	A	O	U
Y	R	S	T	V	Y	C	A	R	R	E	T	A	I	R
X	R	I	M	J	X	U	V	A	D	O	P	U	L	R
J	A	R	R	O	T	P	K	C	A	R	R	O		O
A	E	I	P	U	P	A	L	E	T	I	I	A	P	Q
I	B	E	Z	E	R	R	O	H	I	G	J	A	R	E

_____

_____

10 Forme uma frase com o nome de cada imagem a seguir.

a)

_____

_____

b)

_____

_____

c)

_____

_____

nha	nhe	nhi	nho	nhu
nha	*nhe*	*nhi*	*nho*	*nhu*

Nha	Nhe	Nhi	Nho	Nhu
Nha	*Nhe*	*Nhi*	*Nho*	*Nhu*

gali**nh**a

Vamos ouvir

Filó, a joaninha, acordou cedinho. Abriu a janela de sua casa e disse:

— Que lindo dia! Vou aproveitar para visitar minha tia.

— Alô, tia Matilde? Posso ir aí, hoje?

— Venha, sim, Filozinha. Vou fazer um suflê de abobrinha.

Nye Ribeiro. De bem com a vida. São Paulo: Editora do Brasil, 2012. p. 4-5.

- Circule no texto todas as palavras com **nh**.

Atividades

1. Leia atentamente cada palavra a seguir.

galinha	cegonha	sonho	linha
dinheiro	rainha	aranha	ranhura
pinheiro	caminhão	cozinha	farinha
vizinho	banheiro	gafanhoto	desenho

2 Complete as palavras com **nha, nhe, nhi, nho** ou **nhu** e copie-as.

a) gali____   c) ni____   e) joani____

b) u____   d) mi____ca   f) rai____

3 Ligue as palavras iguais e copie-as.

a) linho • • pinheiro ____
b) rainha • • minhoca ____
c) lenha • • cegonha ____
d) unha • • caminhão ____
e) pinheiro • • linho ____
f) cegonha • • unha ____
g) minhoca • • lenha ____
h) caminhão • • rainha ____
i) farinha • • farinha ____

4. Leia o texto e observe a imagem.

A galinha de Aninha

Aninha ganhou uma galinha.
Ela é fofinha, de penas macias e amarelinhas.
Toda manhã, a galinha bota um ovo no ninho.
O ovo da galinha da Aninha é para a vovozinha.

5. Numere as frases de acordo com a sequência dos fatos no texto.

☐ Toda manhã, a galinha bota um ovo no ninho.

☐ Aninha ganhou uma galinha.

☐ O ovo é para a vovozinha.

☐ Ela é fofinha, de penas macias e amarelinhas.

6. Responda às questões de acordo com o texto.
   a) O que Aninha ganhou?

   b) Como é a galinha de Aninha?

7 Separe as sílabas e escreva o número de sílabas de cada palavra.

a) cegonha _____

b) pinheiro _____

c) unha _____

d) linha _____

e) banheiro _____

f) cozinheiro _____

8 Siga o exemplo.

a) sapato — *sapatinho*

b) faca

c) coco

d) macaco

e) vaca

f) gato

g) sapo

h) pato

i) ovo

Revisando tudo o que foi estudado

Vamos ouvir

Dom Ratinho

Os olhinhos espertinhos,
de focinho alegrinho,
bigodinho nervosinho,
de passinho ligeirinho:
Dom Ratinho.

Cyro de Mattos. *O menino camelô*. São Paulo: Atual, 1991. p. 7.

Atividades

1 Responda às perguntas de acordo com o texto.

a) De quem fala o texto?

b) Conte no texto e registre a seguir o número de palavras com **nh**.

c) Escreva outras três palavras com **nh**.

Linguagem 139

2 Complete as palavras com as sílabas que faltam e copie-as.

a) reló____o

c) ni____

e) ____noura

b) pi____lito

d) a____ra

f) ____ladeira

3 Junte os números indicados para formar as palavras.

1	2	3	4	5	6	7	8	9	10	11	12
me	nou	zi	ce	gi	a	vi	go	re	ra	var	nha

a) 6+10+1 _____

b) 7+3+12 _____

c) 4+8+12 _____

d) 4+2+10 _____

e) 6+10+12 _____

f) 7+5+6 _____

g) 9+5+1 _____

h) 11+9 _____

i) 6+10+10 _____

j) 4+8 _____

k) 6+8+10 _____

l) 5+10 _____

4 Separe as sílabas e escreva o número de sílabas de cada palavra.

a) capacete _____ _____

b) carreta _____ _____

c) bigodinho _____ _____

d) macarrão _____ _____

e) amora _____ _____

f) regime _____ _____

g) arara _____ _____

h) farinha _____ _____

5 Complete o diagrama com o nome das figuras.

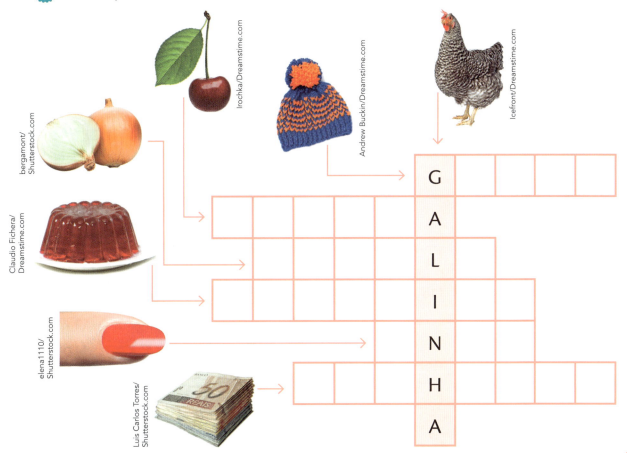

Linguagem 141

6 Junte as sílabas e escreva com letra cursiva as palavras formadas.

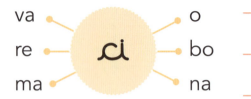
va — ci — o
re — ci — bo
ma — ci — na

vi — gi — co
pá — gi — na
má — gi — a

xa — ro — ta
fa — ro — fa
ga — ro — pe

pi — nhei — ro
ba — nhei — ra
di — nhei — ro

mo — ra — ta
pi — ra — ta
ba — ra — da

ce — re — no
ca — re — ca
mo — re — ja

142 Linguagem

7 Siga o exemplo.

a) o rei _a rainha_   d) o sapo _____

b) o galo _____   e) o rato _____

c) o gato _____   f) o pato _____

8 Forme uma frase com o nome de cada imagem a seguir.

a) _____

b) _____

c) _____

9 Escreva o alfabeto minúsculo e circule as vogais.

_____

10 Escreva o alfabeto maiúsculo e circule as vogais.

_____

an	en	in	on	un
an	*en*	*in*	*on*	*un*

An	En	In	On	Un
An	*En*	*In*	*On*	*Un*

anjo

Vamos ouvir

Hoje é domingo
Pede cachimbo
O cachimbo é de barro
Bate no jarro
O jarro é de ouro
Bate no touro
O touro é valente
Bate na gente
A gente é fraco
Cai no buraco
O buraco é fundo
Acabou-se o mundo.

Parlenda.

- Circule na parlenda todas as palavras com **an**, **en**, **in**, **on** e **un**.

Atividades

1 Leia atentamente cada palavra a seguir.

banda	santa	sanfona	laranja	monte
dente	Ângela	índio	semente	fonte
pente	bandeira	mundo	canta	inseto

Linguagem

2 Complete as palavras com *am, en, im, on* e *um* e copie-as.

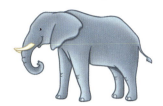

a) c___to   c) t___ta   e) elef___te

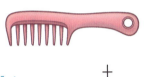

b) p___te   d) p___te   f) b___deira

3 Encontre as palavras a seguir no diagrama e copie-as com letra cursiva.

a) canguru
b) dente
c) pingo
d) tamanduá
e) panda
f) mundo
g) onze
h) bandeja
i) morango

T	M	C	O	N	Z	E	X	P
H	P	S	Q	T	R	S	H	A
C	I	Z	W	A	Y	M	D	N
D	N	R	X	M	F	B	H	D
X	G	C	G	A	N	A	R	A
T	O	F	T	N	U	N	K	L
D	M	U	N	D	O	D	V	Z
E	C	D	F	U	G	E	I	X
N	L	O	P	Á	Y	J	T	V
T	H	J	L	M	R	A	K	L
E	Z	C	A	N	G	U	R	U
Y	M	O	R	A	N	G	O	N

Linguagem 145

4 Separe as sílabas e escreva o número de sílabas de cada palavra.

a) fazenda _____

b) sunga _____

c) elefante _____

d) anjo _____

e) enxada _____

5 Copie as frases substituindo as figuras pelos nomes.

a) A 🩲 e o 👖 são de Antônio.

_____

b) O 🧑‍🦱 tomou suco de 🍊.

_____

6 Siga o exemplo.

a) dente _____ dentinho

b) fazenda _____

c) sanfona _____

d) vento _____

e) anjo _____

f) onda _____

Linguagem

7 Leia o texto e observe a imagem.

O anjo

Hoje Ângela sonhou que era um anjo. Um anjo bonzinho, de pele corada. Um anjo que voava pelo mundo, que levava consigo a felicidade e nunca se cansava.

8 Complete de acordo com o texto.

Hoje _____ sonhou que era um _____.
Um anjo _____, de pele corada.
Um anjo que voava pelo _____,
que _____ consigo a felicidade e
_____ se _____.

9 Responda às questões de acordo com o texto.

a) O que Ângela sonhou?
_____

b) Como era o anjo?
_____

c) O que o anjo levava consigo?
_____

d) Dê sua opinião sobre o anjo.
_____

10 Copie as palavras nos lugares adequados.

contente	lindo	vento	andorinha
cantiga	nunca	elefante	inteligente
onda	andar	sanfona	tamanduá

| | TO | | DO | | DA | | TI | |

| IN | | | | DO | | |

| | FAN | | TE | | CA |

| | FO | | DAR | | | Á |

11 Forme uma frase com o nome de cada imagem a seguir.

a)

b)

c)

am	em	im	om	um
am	em	im	om	um

Am	Em	Im	Om	Um
Am	Em	Im	Om	Um

bumbo

Vamos cantar

Peixe vivo

Como pode um peixe vivo
Viver fora da água fria?

Como poderei viver?
Como poderei viver?

Sem a tua, sem a tua,
Sem a tua companhia.

Os pastores desta aldeia
Já me fazem zombaria.

Por me verem assim chorando,
Por me verem assim chorando

Sem a tua, sem a tua,
Sem a tua companhia.

Cantiga.

- Circule na cantiga todas as palavras com **am**, **em**, **im**, **om** e **um**.

Atividades

1 Leia atentamente cada palavra a seguir.

empada	tampa	homem	capim	umbigo
pomba	samba	bambu	bom	tempero
bomba	campo	Olímpio	lâmpada	amendoim

2 Complete as palavras com *am*, *em*, *im*, *om* ou *um* e copie-as.

a) bomb____

c) b____bo

e) p____bo

b) l____pada

d) ____pada

f) t____bor

3 Separe as sílabas destas palavras.

a) zumbido ____

b) jambo ____

c) umbigo ____

d) samba ____

e) garagem ____

f) capim ____

g) combate ____

h) ambulância ____

4 Complete as palavras com m ou n e leia-as.

a) ba__deira
b) te__pero
c) vara__da
d) bo__beiro
e) po__te
f) te__po
g) ba__bu
h) o__tem
i) ca__po
j) li__do
k) mu__do
l) nuve__

5 Copie as frases substituindo as figuras pelo nome.

a) Ângela come .

_____

b) Olímpio toca e .

_____

6 Siga o exemplo.

a) o bombom   os bombons

b) o homem   _____

c) o patim   _____

d) a nuvem   _____

e) o cupim   _____

Linguagem 151

7 Leia o texto e observe a imagem.

O bumbo

No colégio de Olímpio há uma banda.
Olímpio é o amigo bamba de Serafim.
Serafim toca bumbo na banda do colégio.
No jardim do colégio a banda toca samba e todos cantam.

8 Circule no texto todas as palavras com **am**, **em**, **im**, **om** e **um** e copie-as.

_____

_____

9 Responda às questões.

a) Qual é o nome do texto?

_____

b) Quais nomes de pessoas aparecem no texto?

_____

c) Quem toca na banda?

_____

d) Que instrumento ele toca na banda?

_____

10 Numere as frases de acordo com a sequência dos fatos no texto.

☐ A banda toca samba.

☐ Todos cantam.

☐ Olímpio é o amigo bamba de Serafim.

☐ No colégio de Olímpio há uma banda.

☐ Serafim toca bumbo.

11 Copie as palavras a seguir no lugar correto da tabela.

cantiga   limpo   homem   campo   contente
tinta   quente   morango   atum   bombom
andar   gente   bomba   quilombo

am, em, im, om, um	an, en, in, on, un

qua	Qua	quo	Quo
qua	*Qua*	*quo*	*Quo*

a**qua**rela

Vamos cantar

Aquarela

Numa folha qualquer eu desenho um sol amarelo

E com cinco ou seis retas é fácil fazer um castelo.

Corro o lápis em torno da mão e me dou uma luva,

E se faço chover, com dois riscos tenho um guarda-
-chuva.

Se um pinguinho de tinta cai num pedacinho azul do papel,

Num instante imagino uma linda gaivota a voar no céu. [...]

Toquinho, Vinicius de Moraes, Guido Morra, Maurizio Fabrizio. © By Universal MUS PUB MGB Brasil Ltda./Tonga Edições Musicais/SIAE/UBC/Dubas Música Ltda.

Atividades

1 Leia atentamente cada palavra a seguir.

taquara	aquoso	quati	qualidade	aquático
aquário	quarenta	aquarela	qualificado	Equador
quatro	quociente	quase	quantia	quota

2 Leia as palavras e copie-as.

a) aquarela   c) quarenta   e) aquário

b) quadrado   d) quati   f) quadro

3 Complete as palavras com **qua** ou **quo**.

a) a_____rela
b) _____ta
c) _____ciente
d) a_____rio
e) ta_____ra
f) a_____tico

4 Separe as sílabas destas palavras.

a) taquara _____
b) aquário _____
c) quanto _____
d) quota _____
e) quati _____
f) quase _____
g) Equador _____
h) qualidade _____
i) aquarela _____
j) quarenta _____
k) aquoso _____
l) quando _____

Linguagem

5 Leia o texto e observe a imagem.

A aquarela

Quênia ganhou uma aquarela e uma tela.
Ela coloriu a tela com tintas da aquarela.
Na tela há um aquário com um peixinho amarelo.
A tela ficou bonita e de boa qualidade.

6 Complete as frases de acordo com o texto.

_____ ganhou uma _____ e uma _____.

Ela _____ a tela com tintas da _____.

Na tela há um _____ com um _____ amarelo.

A _____ ficou _____ e de boa _____.

7 Leia novamente o texto e ligue as palavras corretamente.

a) tela • • amarelo

b) peixinho • • bonita

c) boa • • qualidade

8 Complete as frases com o nome da figura.

a) O peixinho nada no

b) A tela foi pintada com

_____. _____.

9 Siga o exemplo.

a) dente _dentinho_   d) empada _____

b) sanfona _____   e) tampa _____

c) enxada _____   f) quadro _____

10 Numere as frases de acordo com as cenas.

☐ O quati tem focinho pontudo.

☐ Mamãe tem quarenta anos.

☐ A aquarela caiu.

☐ Quitéria ganhou um aquário.

lha	lhe	lhi	lho	lhu
lha	lhe	lhi	lho	lhu

Lha	Lhe	Lhi	Lho	Lhu
Lha	Lhe	Lhi	Lho	Lhu

coe**lh**o

Vamos ouvir

Se um dia me der na telha

Se um dia me der na telha
eu frito a fruta na grelha
eu ponho a fralda na velha
eu como a crista do frango
eu cruzo zebu com abelha
eu fujo junto com Amélia
se um dia me der na telha.

© Ciça Alves Pinto. (Ciça. *Travatrovas*. Rio de Janeiro: Nova Fronteira, 1993. p. 22.)

- Circule na trovinha as palavras com **lh** e copie-as.

Atividades

1 Leia atentamente cada palavra a seguir.

alho	velhice	repolho	agulha	barulho
abelhudo	folha	bilhete	malhado	orelha
palha	ovelha	julho	calha	ramalhete

2 Complete as palavras com **lha, lhe, lhi, lho** ou **lhu** e copie-as.

a) _____ ma

c) repo _____

e) rama _____ te

b) coe _____

d) ore _____

f) pa _____ ço

3 Junte as sílabas e escreva com letra cursiva as palavras formadas.

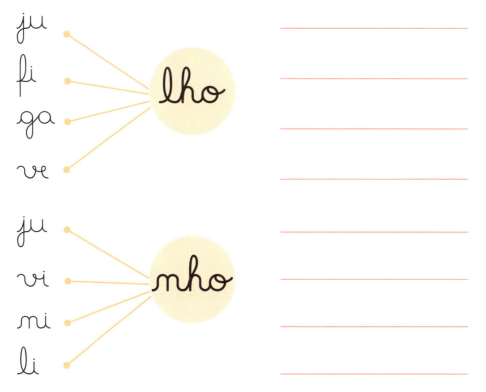

4 Ligue corretamente o nome à figura.

a) vinho

b) orelha

c) galho

a) baralho

b) ovelha

c) vizinho

5 Complete as frases com o nome da figura.

a) O _____ é da mamãe.

b) A salada é de _____.

6 Siga o exemplo.

telha — telhinha

a) milho _____

b) bolha _____

c) repolho _____

d) filho _____

e) orelha _____

f) folha _____

g) abelha _____

h) coelho _____

i) bilhete _____

j) velho _____

k) galho _____

l) ovelha _____

Linguagem

7 Leia o texto e observe a imagem.

Qual é a lei?

[...]
A mala tem malha.
A fala tem a falha.
Mas
a bala não tem balha,
a sala não tem salha.
Você inventa alguma coisa
pra palavra balha?
Você inventa alguma coisa
pra palavra salha?

Você
inventa o quê?

Texto gentilmente cedido pelo autor Alcides Buss.
Alcides Buss é autor dos livros A *poesia do ABC* e *Pomar de palavras*, ambos infantis.

8 Complete as frases de acordo com o poema e responda oralmente às perguntas que ele faz.

A mala tem _____.
A fala tem _____.
Mas
a _____ não tem _____,
a _____ não tem _____.
Você inventa alguma coisa
pra palavra balha?
Você inventa alguma coisa
pra palavra salha?

9 Utilize a letra *h* para formar novas palavras e copie-as. Siga o exemplo.

a) vela _____velha_____

b) tela _____

c) mala _____

d) galo _____

e) fila _____

f) mola _____

g) bola _____

h) rola _____

i) fala _____

10 Siga o exemplo.

a) a folha

as folhas

b) a abelha

as _____

c) a telha

as _____

d) o milho

os _____

e) o joelho

os _____

f) o repolho

os _____

Linguagem

casa

Vamos ouvir

A casa e o seu dono

Essa casa é de caco
quem mora nela é o macaco.

Essa casa é tão bonita
quem mora nela é a _____.

Essa casa é de cimento
quem mora nela é o _____.

Essa casa é de telha
quem mora nela é a _____.

Essa casa é elegante
quem mora nela é o _____.

Essa casa, bela obra,
quem mora nela é a _____.

E descobri de repente
que não falei em casa de gente.

Elias José. *Lua no brejo com novas trovas*. Porto Alegre: Projeto, 2007. p. 26.

- Complete o poema com o nome dos animais. Depois, copie-os a seguir.

Atividades

1 Leia atentamente cada palavra a seguir.

asa	camisa	rosa	desenho	televisão
Neusa	vaso	música	tesoura	sorriso
Josué	guloso	asilo	gasolina	visita

2 Escreva o nome das figuras.

a) _____   c) _____   e) _____

b) _____   d) _____   f) _____

3 Junte as sílabas e escreva com letra cursiva as palavras formadas.

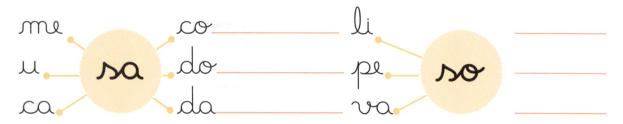

4 Separe as sílabas destas palavras.

a) besouro _____   c) asilo _____

b) José _____   d) fantasia _____

5 Leia o texto e observe a imagem.

A visita

Neusa recebeu a visita de Elisa em sua casa.

Elisa deu uma rosa amarela a Neusa, que a colocou no vaso.

O vaso ficou pesado por causa da água e quase caiu.

Neusa colocou o vaso na mesa com cuidado.

Ufa! Que alívio!

6 Ligue corretamente para formar frases de acordo com o texto.

a) Neusa recebeu a visita de •
- • Marisa.
- • Isa.
- • Elisa.

b) Elisa levou uma •
- • rosa.
- • mesa.
- • asa.

7 Sublinhe as frases que estão de acordo com o texto.
a) Elza deu uma rosa amarela.
b) Neusa colocou a rosa no vaso.
c) Neusa colocou a rosa no bule.
d) O vaso ficou leve.
e) O vaso ficou pesado.
f) Neusa colocou o vaso na mesa.

8 Numere as cenas de acordo com as frases.

1 O vaso está na mesa.   **3** Vovó ganhou uma rosa.

2 José ouve música.   **4** O casaco é preto.

9 Forme uma frase com o nome de cada imagem a seguir.

a)  _____

b)  _____

Revisando tudo o que foi estudado

Vamos ouvir

Diversos vegetais

Berinjela é um legume
Como o belo pimentão
O tomate é conhecido
O maxixe é esquisitão
Mais parece um porco-espinho
Mas não vai ferir a mão.

[...]

A abóbora é diferente
Da gostosa abobrinha
A primeira faz o doce
Que perfuma a cozinha
A segunda é uma delícia
Quando bem refogadinha

[...]

Como pode um grão de milho
Transformar-se em pipoca?
E você sabe dizer
Como eu faço tapioca?
Alimento brasileiro
Feito com a mandioca.

César Obeid. *Rimas saborosas*. 1. ed. Ilustrações de Luna Vicente. São Paulo: Moderna, 2009. p. 23-24.

- Circule no poema todas as palavras com **an**, **en**, **in**, **on** e **un** e copie-as.

Atividades

1) Escreva o nome das figuras colocando o ou a na frente. Veja o exemplo.

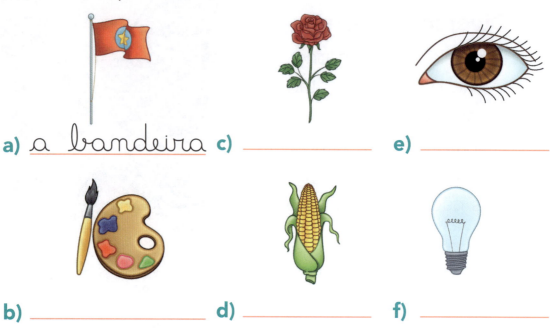

a) a bandeira   c) _____   e) _____

b) _____   d) _____   f) _____

2) Separe as sílabas e escreva o número de sílabas de cada palavra.

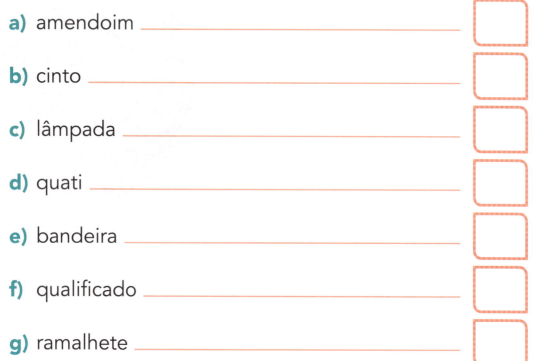

a) amendoim _____

b) cinto _____

c) lâmpada _____

d) quati _____

e) bandeira _____

f) qualificado _____

g) ramalhete _____

3 Siga o exemplo.

a) pato   *patinho*

b) folha _____

c) rosa _____

d) peixe _____

e) gato _____

f) semente _____

g) baralho _____

h) telha _____

4 Complete o alfabeto maiúsculo e minúsculo.

A a, B b, C c, _____

_____

_____

_____

5 Ordene as palavras e escreva, com letra cursiva, as frases formadas.

a) usa   Vovó   azul.   um   casaco

_____

b) rosa   Maísa   para   amarela   deu   uma   Ana.

_____

c) mesa.   um   com   na   Há   vaso   rosas

_____

Linguagem

6 Complete o diagrama com o nome das figuras. Siga o exemplo.

7 Escolha a palavra correta e complete as frases.

a) Fábio colocou o peixe no _____.

b) Titio tem _____ anos.

c) A _____ é de Amélia.

quando

aquário

quarenta

quati

aquarela

qualidade

pássaro

Vamos ouvir

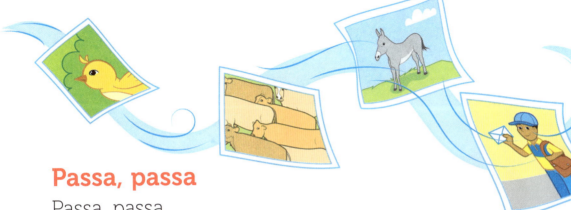

Passa, passa

Passa, passa
Passará.
Meu sonho
também vai passar?

Passa o tempo
passa o vento.
Passa a praça
vai a passo
que esse é o jeito de chegar.
Passa a roupa
que essa já é de passar.
Passa o pássaro
que esse já sabe voar.

Passa, passa
passará.
Passa gado, passa gente
o carteiro
passa urgente.
O burrinho
é vagaroso
vai passando de teimoso.

Passa, passa
tudo passa.
O que é mesmo
que não passa?

Dilan Camargo. *O vampiro Argemiro*. Porto Alegre: Projeto, 1993. p. 16. (Col. Rima-Rima Rimador).

■ Circule no poema todas as palavras com **ss** e copie-as.

Atividades

1 Leia atentamente cada palavra a seguir.

osso	assadeira	passado	vassoura	pássaro
pêssego	gesso	missa	passeio	Larissa
assobia	tosse	assunto	sussurro	tossia

2 Complete as palavras com *ss* e copie-as.

a) a____ado   c) bú____ola   e) va____oura

_____

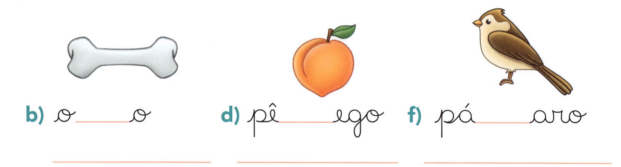

b) o____o   d) pê____ego   f) pá____aro

_____

3 Coloque *a* ou *o* antes das palavras a seguir.

a) ____ mesa   f) ____ rosa
b) ____ pêssego   g) ____ dinossauro
c) ____ sorriso   h) ____ assadeira
d) ____ osso   i) ____ russo
e) ____ massa   j) ____ bússola

4 Numere as cenas de acordo com as frases.

| 1 | O pássaro voa. | 3 | Vanessa come pêssego. |
| 2 | A vassoura é nova. | 4 | Cassiano tosse. |

5 Complete as frases com as palavras do quadro.

> pêssego – assado – pássaro – vassoura – osso

a) Adoro doce de _____ com queijo.

b) O _____ fugiu da gaiola.

c) Comi um _____ de carne e legumes.

d) Vanessa limpou a sala com a _____.

e) O cachorro comeu um _____.

6 Leia o texto e observe a imagem.

O pássaro

Larissa viu um pássaro no jardim da casa do tio Cássio.

O pássaro tinha caído da árvore e estava quieto e encolhidinho.

Tinha a asinha machucada. Larissa falou:

— Tio Cássio, o pássaro caiu!

Eles cuidaram do passarinho até ele sarar.

Depois ele voou e saudou-os com uma bela canção.

7 Circule no texto todas as palavras com **ss**.

8 Responda às questões de acordo com o texto.

a) Qual é o nome do texto?

___

b) O que Larissa viu?

___

c) O que tinha acontecido com o pássaro?

___

d) Quem cuidou do pássaro?

___

e) O que aconteceu quando ele sarou?

___

9 Escreva o nome das figuras.

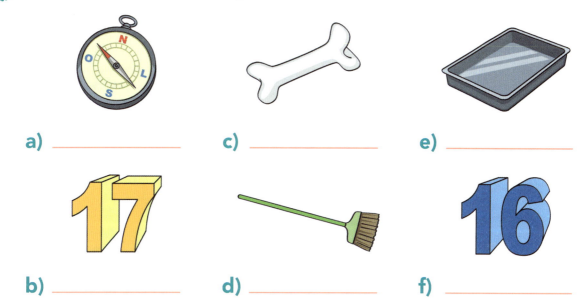

a) _____ c) _____ e) _____

b) _____ d) _____ f) _____

10 Separe as sílabas e escreva o número de sílabas de cada palavra. Depois, reescreva-a. Siga o exemplo.

a) osso _____os-so_____ [2] _____osso_____

b) amassado _____ [ ] _____

c) missa _____ [ ] _____

d) passado _____ [ ] _____

e) assobio _____ [ ] _____

11 Complete as palavras com 𝒔 ou 𝒔𝒔. Atenção: não se usa 𝒔𝒔 no começo das palavras.

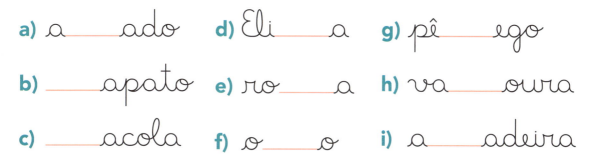

a) a___ado   d) Eli___a   g) pê___ego

b) ___apato e) ro___a   h) va___oura

c) ___acola f) o___o   i) a___adeira

Linguagem 175

al	el	il	ol	ul
al	*el*	*il*	*ol*	*ul*

Al	El	Il	Ol	Ul
Al	*El*	*Il*	*Ol*	*Ul*

girass**ol**

Vamos ouvir

Heitor era um menino
que trazia sempre no bolso
folhas de papel
e uma caneta azul.
Quando passeava pela rua,
voltando da escola,
ia anotando
palavras dos luminosos de propaganda,
cartazes e placas. [...]
No primeiro dia
juntou
amarelo
caramelo
alfinete
sorvete

anzol
jornal
barril
anil [...]

Jussara Braga. *Pirata de palavras*. São Paulo: Editora do Brasil, 2006. p. 2, 3 e 6.

- Circule no poema todas as palavras com as sílabas **al**, **el**, **il**, **ol** e **ul**.

Linguagem

Atividades

1 Leia atentamente cada palavra a seguir.

pulga	alfinete	soldado	Selma	mel
funil	balde	Alda	palmeira	sal
salgado	maldade	papel	anel	carretel

2 Complete as palavras com *al*, *el*, *il*, *ol* ou *ul* e copie-as.

a) ___ finete

b) ___ mofada

c) p ___ meira

d) carret ___

e) s ___ dado

f) girass ___

g) an ___

h) fun ___

i) az ___

3 Junte as sílabas e escreva com letra cursiva as palavras formadas.

4 Separe as sílabas destas palavras.

a) alfinete _____	g) palmeira _____

b) soldado _____	h) alma _____

c) filme _____	i) talco _____

d) anel _____	j) funil _____

e) pulga _____	k) Rafael _____

f) alface _____	l) carretel _____

5 Leia as palavras e complete o quadro com outras palavras contidas nelas.

salgado	soldado
sal	_____
_____	_____
_____	_____

178 Linguagem

6 Leia o texto e observe a imagem.

Selma e o girassol

Selma tem um lindo girassol no quintal de sua casa.

De manhã, quando o sol aparece no céu azul anil, o girassol gira como um carrossel.

À noitinha, quando o sol já foi embora, o girassol para de girar o seu lindo carrossel.

Selma volta ao quintal e dá boa-noite ao girassol.

7 Complete as frases de acordo com o texto.

_____ tem um lindo _____ no _____ de sua casa. De manhã, quando o _____ aparece no céu _____ anil, o _____ gira como um _____.

8 Responda às questões de acordo com o texto.

a) O que Selma tem no quintal de sua casa?

_____

b) O que faz o girassol?

_____

c) Para que Selma volta, à noitinha, ao quintal?

_____

9 Encontre cinco palavras no diagrama e copie-as. Siga o exemplo.

a	n	e	l	b	a	m	u
t	s	f	o	r	e	e	a
e	o	a	n	z	o	l	s
a	f	u	n	i	l	r	a
c	a	r	r	e	t	e	l
s	o	l	a	u	d	u	o

anzol

_____

_____

_____

_____

10 Siga o exemplo.

a) papel *papéis*

b) jornal _____

c) anel _____

d) animal _____

e) carretel _____

f) caracol _____

g) funil _____

h) avental _____

- Agora explique como fazemos o plural das palavras que terminam com **el**.

_____

11 Forme uma frase usando cada palavra a seguir.

a) papel _____

_____

b) carrossel _____

_____

180 **Linguagem**

ça	ço	çu
ça	ço	çu

palhaço

Vamos ouvir

Uma pulga na balança
Deu um pulo, foi à França.
Ela pula, ela dança
Na barriga da criança.

Cantiga.

- Circule na cantiga todas as palavras com **ç** e copie-as.

_____

_____

Atividades

1 Leia atentamente cada palavra a seguir.

moça	balança	caçada	açude	carroça
cabeça	caçula	taça	poço	paçoca
açúcar	laço	Ciça	pedaço	fumaça

2 Leia as palavras do quadro e copie-as abaixo da imagem correspondente.

taça – poço – laço – carroça – balança – fumaça

a) _____   c) _____   e) _____

b) _____   d) _____   f) _____

3 Separe as sílabas destas palavras.

a) balanço _____   g) roça _____

b) bagaço _____   h) lenço _____

c) caroço _____   i) aço _____

d) paçoca _____   j) coração _____

e) palhaço _____   k) taça _____

f) atenção _____   l) doçura _____

4 Complete as palavras com ça, ço, çu.

a) lou____   e) ca____la   i) peda____

b) dan____   f) a____de   j) carro____

c) ci____   g) mo____   k) crian____

d) ou____   h) a____car   l) almo____

182 **Linguagem**

5) Leia o texto e observe a imagem.

O palhaço Sanhaço

No circo, é um só coro.
No circo, é um só berro:
é ouro, é ouro, é ouro,
é ferro, é ferro, é ferro,
é aço, é aço, é aço.
Ninguém pode com o Sanhaço!

E o palhaço Sanhaço
leva cada tombaço
de quebrar o espinhaço.

E o Sanhaço não se cansa
e pula e cai na dança.
E diz cada besteira!...
Sanhaço vira criança
e não há criança
que não caia na brincadeira. [...]

Elias José. *Namorinho de portão*. 2. ed. Ilustrações de Avelino Guedes.
São Paulo: Moderna, 2002. p. 22. (Coleção Girassol).

6) Responda às questões de acordo com o texto.

a) Qual é o nome do poema?

_____

b) Qual é o nome do autor do poema?

_____

c) Quais são as palavras do texto que rimam com Sanhaço?

_____

7) Circule no texto todas as palavras com **ç**.

Linguagem 183

8 Leia as palavras a seguir e copie-as na coluna correta.

balança   cabeçudo   lenço   poço
açucarado   dança   carroça   açucareiro

ça	ço	çu

9 Copie as palavras e leia-as com atenção. Depois, explique o que mudou nas palavras que estão na mesma linha.

a) caco _____ caço _____

b) coca _____ coça _____

c) taca _____ taça _____

d) louca _____ louça _____

_____

10 Coloque a cedilha (¸) nas palavras a seguir, quando necessário. Depois, escreva uma frase usando uma dessas palavras.

cabeca – casa – macaco – aco – Cica – laco

_____

_____

_____

Linguagem

11 Escolha a palavra correta e complete as frases.

a) lenço | roça

O _____ de Ciça é rosa e bonito.

b) pedaço | carroça

O palhaço comeu um _____ de paçoca.

c) poço | fumaça

A moça pegou água do _____.

d) laço | palhaço

O nome do _____ é Sanhaço.

ã	ão	ãe	õe
ã	ão	ãi	õi

p**ão**

Vamos cantar

Barata mentirosa

A barata diz que come
Frango, arroz e macarrão
É mentira da barata
Ela só come feijão
Lá, lá, lá, lá, lá, lá, lá, lá
Ela só come feijão

A barata diz que tem
Carro, moto e avião
É mentira da barata
Ela só tem caminhão
Lá, lá, lá, lá, lá, lá, lá, lá
Ela só tem caminhão.

A barata diz que toca
Violino e violão
É mentira da barata
Ela toca rabecão
Lá, lá, lá, lá, lá, lá, lá, lá
Ela toca rabecão

Yorrana Plinta.

- Circule na cantiga todas as palavras com **ão** e copie-as.

Atividades

1 Leia atentamente cada palavra a seguir.

lã	cães	Adão	anões	romã
fã	avelã	feijão	mamão	manhã
rã	João	botões	mãe	avião

2 Leia as palavras e copie-as em letra cursiva.

a) limão

c) mamãe

e) pavão

b) coração

d) rã

f) violão

3 Separe as sílabas destas palavras.

a) mamão _____

b) limão _____

c) anão _____

d) Tião _____

e) gavião _____

f) botão _____

g) avelã _____

h) pão _____

i) coração _____

j) lição _____

4 Leia o texto e observe a imagem.

São João

É noite de São João.
Todos estão animados.
A meninada toma suco de melão.
Adultos tomam quentão e soltam rojão.
Tião olha para Ceição e toca uma bela canção.
É noite de São João!

5 Circule no texto todas as palavras com ~.

6 Complete as frases de acordo com o texto.

É noite de São _____.
Todos estão animados.
A _____ toma suco de _____.
Adultos tomam _____ e soltam rojão.

7 Responda às questões de acordo com o texto.

a) Qual é nome do texto? _____

b) O que a meninada faz? _____

c) O que Tião toca? _____

d) Qual é a noite festejada? _____

8 Siga o exemplo.

a) caminhão _caminhões_
b) pimentão _____
c) lição _____
d) coração _____
e) avião _____
f) pão _____
g) cão _____
h) melão _____
i) limão _____
j) violão _____
k) feijão _____
l) capitão _____
m) leão _____
n) alemão _____

9 Copie as frases substituindo as figuras pelo nome.

a) João viajou de  para o Japão.

b) O de Cidão come melão.

c) O anão comeu de avelã.

d) O de João é colorido.

10 Complete as tabelas de acordo com os exemplos.

ã	ãs
romã	romãs
rã	
maçã	
avelã	

ão	ões
botão	botões
anão	
limão	
coração	

ão	ãos
mão	mãos
irmão	
artesão	
cidadão	

ão	ães
cão	cães
pão	
alemão	
capitão	

Linguagem

gua	Gua	guo	Guo
gua	Gua	guo	Guo

ja**gua**tirica

Vamos ouvir

As sardas de Dora

Dora que adora
Sorvete de pistache
Tem sardas no rosto,
Tem sardas de guache
E um brilho nos olhos
De cor abacate.

As sardas de Dora,
De água-marinha,
São sardas pequenas,
São sardas, sardinhas
Que nadam no rosto
Iguais a tainhas.

Sérgio Capparelli. *111 poemas para crianças*. 12. ed. Porto Alegre: L&PM, 2009. p. 50.

- Circule no poema as palavras com **gua** e copie-as.

Atividades

1 Leia atentamente cada palavra a seguir.

régua	guarda	língua	égua	enxaguou
guaraná	guache	jaguar	água	enxaguar
guarani	ambíguo	averiguo	águo	desaguou

2 Leia as palavras e copie-as em letra cursiva.

a) égua

c) guaraná

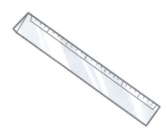

e) régua

b) guarda

d) guardanapo

f) jaguar

3 Separe as sílabas destas palavras.

a) aguapé _____   e) guará _____

b) guarani _____   f) guaiamum _____

c) aguaceiro _____   g) igualdade _____

d) água _____   h) enxáguo _____

4 Siga o exemplo.

a) o guarda _____ os guardas _____

b) a égua _____

c) o guará _____

d) o jaguar _____

e) a régua _____

f) a jaguatirica _____

g) o guardanapo _____

h) a guarita _____

i) o linguado _____

j) o guaraná _____

5 Forme palavras de acordo com os números e copie-as. Não se esqueça de acentuá-las.

1	2	3	4	5	6	7	8	9	10	11	12
re	na	e	a	gua	ra	lin	ro	do	ni	cei	pe

a) 5+6 _____

b) 3+5 _____

c) 4+5 _____

d) 1+5 _____

e) 7+5 _____

f) 4+5+9 _____

g) 5+6+2 _____

h) 4+5+12 _____

i) 4+5+11+8 _____

j) 5+6+10 _____

6) Leia o texto e observe a imagem.

Linguado

Tia Guaraci viu um peixe linguado na peixaria.
O peixe linguado vive em água salgada.
No litoral do Brasil ele é facilmente encontrado.
O peixe linguado é diferente e chama atenção:
Ele tem os dois olhos no mesmo lado da cabeça.

7) Responda às questões de acordo com o texto.

a) Qual é o nome do texto?
_____

b) Quem viu o peixe na peixaria?
_____

c) Onde esse peixe é facilmente encontrado?
_____

d) Por que esse peixe chama a atenção?
_____
_____

8) Copie do texto as palavras com **gua** ou **guo**.
_____

9 Copie as palavras nos lugares adequados.

Guanabara   língua   guaraná   jaguatirica
enxáguo   guarda   régua   guardanapo

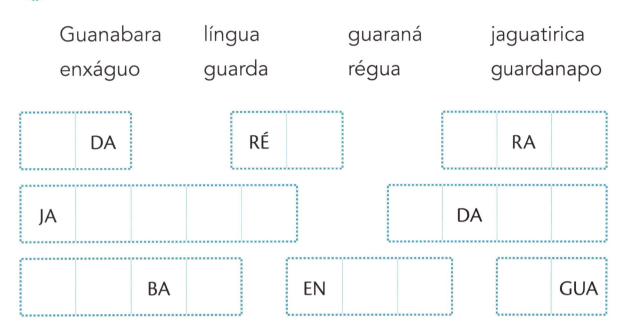

10 Forme uma frase com o nome de cada imagem a seguir.

a)

b)

c)

gue	Gue	gui	Gui
gue	Gue	gui	Gui

caranguejo

Vamos cantar

Caranguejo

Caranguejo não é peixe
Caranguejo peixe é.
Caranguejo só é peixe
Na enchente da maré.

Palma, palma, palma,
Pé, pé, pé,
Roda, roda, roda,
Caranguejo peixe é.

Cantiga.

- Leia a cantiga, reflita e responda oralmente: Se caranguejo não é peixe, então o que é?

Atividades

1. Leia atentamente cada palavra a seguir.

águia	figueira	jegue	mangueira
Miguel	guerreiro	guizo	pessegueiro
guerra	amiguinho	foguete	formigueiro

2 Complete as palavras com *gue* ou *gui* e copie-as.

a) fo___te   c) ___zo   e) caran___jo

b) fo___ira   d) á___a   f) man___ira

3 Separe as sílabas e escreva o número de sílabas de cada palavra.

a) jegue _____ _____

b) amiguinho _____ _____

c) guitarra _____ _____

d) guizo _____ _____

4 Encontre as palavras a seguir no diagrama.

GUIZO
GUITARRA
JEGUE
MANGUEIRA
ÁGUIA

R	G	C	H	W	J	M	W	K	Á
M	A	N	G	U	E	I	R	A	G
L	I	P	P	P	G	R	R	Q	U
S	S	V	W	A	U	J	E	B	I
G	U	I	Z	O	E	C	I	J	A
G	U	I	T	A	R	R	A	N	M

Linguagem 197

5 Copie as palavras a seguir no lugar correto da tabela.

jegue   guizo   águia   caranguejo
guerreiro   foguinho   guia   mangue

gue	gui

6 Complete as frases com as palavras do quadro.

mangueira – pessegueiro – figueira

a) A _____ dá manga.
b) A _____ dá figo.
c) O _____ dá pêssego.

7 Siga o exemplo.

a) o caranguejo _os caranguejos_

b) a águia _____

c) a guitarra _____

d) o guerreiro _____

e) a fogueira _____

f) o foguete _____

g) o jegue _____

8 Leia o texto e observe a imagem.

Formigas

Um, dois
feijão com arroz,
um, dois
feijão com arroz,
lá vai a formiguinha
– na cabeça uma folhinha
atravessando o terreiro.
Leva arroz, leva feijão,
leva couve picadinha,
paio, linguiça, lombinho
e toucinho de fumeiro.
Um, dois
feijão com arroz,
três, quatro
fazer o prato
que hoje tem, minha gente,
feijoada no formigueiro!

Wania Amarante. *Cobras e lagartos*. São Paulo: FTD, 2011. p. 29.

9 Responda às questões de acordo com o texto.

a) Qual é o nome do texto? _____

b) O que a formiga leva na cabeça? _____

c) Quais são os ingredientes da feijoada?

_____

_____

10 Circule no texto as palavras com **gue** e **gui**.

Linguagem

11) Ordene as sílabas e copie o nome das figuras.

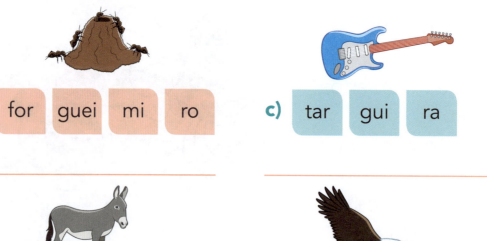

a) for | guei | mi | ro

c) tar | gui | ra

_____   _____

b) gue | je

d) gui | á | a

_____   _____

12) Siga o exemplo.

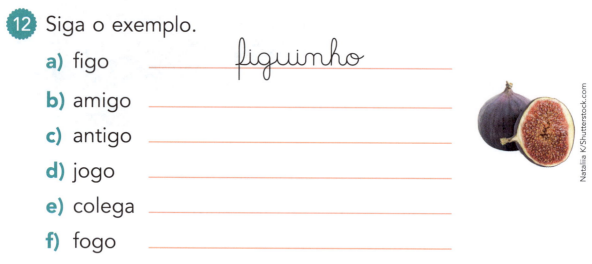

a) figo *figuinho*

b) amigo _____

c) antigo _____

d) jogo _____

e) colega _____

f) fogo _____

13) Forme uma frase com o nome de cada imagem a seguir.

a) _____

b) _____

200 Linguagem

Revisando tudo o que foi estudado

Vamos ler

Cofrinho

Hoje ganhei um porquinho
Colorido, bonitinho
Não é porco de verdade, é de gesso,
É um cofrinho
Quero guardar moedinhas
Para juntar um dinheirão
Quero comprar uma casa,
Um barco e um avião
[...]

Se eu comprar um álbum novo
Vou encher de figurinhas
Posso até jogar bafo
Ou trocar com os coleguinhas

[...]

Pensando bem tem muita
[coisa
Que eu gosto de fazer
Vou deixar para comprar casa
Só mesmo quando eu crescer

Vou usar meu dinheiro
Vou torrar cada tostão
E o que faço com o porco?
Vai virar decoração!

Simone Mendonça Diniz. *Poemas da cabeça da mamãe*.
São Paulo: Pandorga Kids, 2011. p. 22-23.

- Circule no poema todas as palavras com **ss**, **al**, **ç**, **ão**, **gua** e **gui**, e copie-as.

Atividades

1 Responda às questões de acordo com o poema.

a) Qual é o nome do poema?

_____

b) Qual presente o personagem ganhou?

_____

c) Para que serve esse presente?

_____

2 Marque um **X** nas alternativas que **não** estão de acordo com o poema.

a) Juntar um dinheirão para comprar...

☐ uma casa.   ☐ um carro.   ☐ um avião.

b) Comprar um álbum novo para encher de...

☐ balas.   ☐ figurinhas.   ☐ pedrinhas.

c) Comprar uma casa...

☐ quando crescer.
☐ quando casar.
☐ quando viajar.

d) E o porco...

☐ jogo fora.
☐ quebro.
☐ vira decoração.

3 Leia as palavras e copie-as em letra cursiva.

a) leão

c) caracol

e) foguete

b) pássaro

d) laço

f) guaco

4 Complete as palavras com c ou ç e copie-as. Atenção: não se usa ç no começo das palavras.

a) cabe___a   e) ba___ia   i) fuma___a

b) ___idade   f) ro___a   j) sa___i

c) ___enoura   g) la___o   k) va___ina

d) balan___o   h) do___e   l) cabe___a

5) Complete o diagrama com o nome das figuras.

6) Utilize a letra **l** para formar novas palavras e copie-as. Siga o exemplo.

todo → to [l] do — *toldo*

caça → ca [ ] ça — _____

ama → a [ ] ma — _____

204 Linguagem

7 Complete as palavras com **gua**, **guo**, **gue** ou **gui**.

a) á____a
b) ____rra
c) lín____
d) ga____ja
e) é____
f) ____che
g) i____pé
h) enxa____u
i) ____raná
j) fo____te
k) je____
l) ____tarra
m) ré____
n) fo____ira
o) lin____do

8 Siga o exemplo e explique oralmente a regra.

a) papel papéis
b) animal _____
c) avental _____
d) farol _____
e) pastel _____
f) funil _____

9 Escolha uma das palavras acima e escreva uma frase com ela.

_____
_____

10 Complete o alfabeto maiúsculo e minúsculo.

A a, _____
_____
_____
_____

Linguagem

cha	che	chi	cho	chu
cha	che	chi	cho	chu

Cha	Che	Chi	Cho	Chu
Cha	Che	Chi	Cho	Chu

chave

Vamos ouvir

Chave de chumbo

— Eu acho, "seu" Chico Sá,
que sua chave de chumbo
tomou um chá de sumiço.
Mas Sheila acha que a chave,
a chave de chumbo, se acha
no chão da sala do Xerxes,
"seu" Xerxes Sousa da Silva,
seu sócio, "seu" Chico Sá.

© Ciça Alves Pinto. (Ciça. *Travatrovas*. Rio de Janeiro: Nova Fronteira, 1993. p. 5.)

- Circule na trovinha todas as palavras com **ch** e copie-as.

Atividades

1 Leia atentamente cada palavra a seguir.

chuva	chapéu	chefe	chita
chinelo	bolacha	chuchu	chicote
charrete	chocolate	machado	chaminé

2 Complete as palavras com *cha, che, chi, cho* ou *chu* e copie-as.

a) _____ ve

b) _____ chu

c) _____ calho

d) _____ que

e) _____ nelo

f) _____ veiro

3 Junte as sílabas e escreva com letra cursiva as palavras formadas.

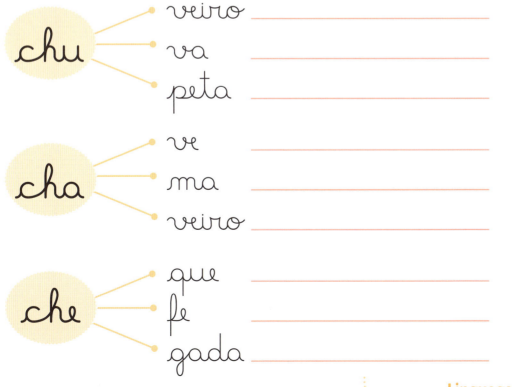

Linguagem 207

4 Separe as sílabas destas palavras.

a) mochila _____   h) chita _____

b) chuchu _____   i) chocolate _____

c) bolacha _____   j) bicho _____

d) chimpanzé _____   k) chiclete _____

e) colchão _____   l) chave _____

f) charrete _____   m) chumbo _____

g) cheio _____   n) chiqueiro _____

5 Complete as frases com as palavras do quadro.

chapéu – cachorro – chuchu – chão

a) Vovô usa _____.

b) Mamãe fez salada de _____.

c) Chico ganhou um lindo _____.

d) O vaso caiu no _____.

6 Leia as palavras e complete o quadro com outras palavras contidas nelas.

bolacha	chocolate

Linguagem

7 Leia o texto e observe a imagem.

Jardim

Regador na mão. Água!

No jardim, de tudo aparece e de tudo cresce...

Já cheirou uma flor bicolor?

Já viu flores dos mais diversos sabores? [...]

Ops! Tem uns bichinhos aqui!

A lagarta anda nos galhos e depois fica presa, parada, estática...

Para poder se transformar numa borboleta fantástica!

Ellen Pestili. *Horta, pomar e jardim, brincadeira não tem fim.* São Paulo: Editora do Brasil, 2016. p. 8, 9, 11, 16, 17 e 19.

8 Responda às questões de acordo com o texto.

a) Qual é o nome do texto? _____

b) Qual é o assunto do texto? _____

c) Qual é o bichinho citado no texto?

_____

d) Em que esse bichinho se transforma?

_____

9 Circule no texto todas as palavras com **ch** e copie-as.

_____

10 Complete as palavras com *nh*, *lh* e *ch* e leia-as.

a) chu___u
b) cozi___a
c) fi___o
d) ba___o

e) co___ilo
f) rama___ete
g) ___inelo
h) choca___o

11 Complete a tabela seguindo o exemplo.

Sílaba	Palavra	Frase
cha	chapéu	Papai tem um chapéu.
che		
chi		
cho		
chu		

12 Ligue as palavras que apresentam sentido contrário entre si.

a) alto — feio

b) cheio — escuro

c) bonito — vazio

d) claro — baixo

ar	er	ir	or	ur
ar	er	ir	or	ur

Ar	Er	Ir	Or	Ur
Ar	Er	Ir	Or	Ur

formiga

Vamos cantar

Pintor de Jundiaí

Tum, tum, tum,
Quem bate aí?
Sou eu, minha senhora,
O pintor de Jundiaí.

Pode entrar
E se sentar.
Conforme as pinturas
Nós iremos conversar.

Lá em cima
Quero tudo bem pintado.
Só para as mocinhas
Do sapato envernizado.

Na cozinha
Quero um pé de bananeira.
Só para alegrar o coração
Da cozinheira.

Lá no portão
Quero sete cachorrões.
Só para assustar.
A cara feia dos ladrões.

Tum, tum, tum,
Já deu seis horas.
Adeus, minha senhora,
O pintor já vai embora.

Cantiga.

- Circule na cantiga todas as palavras com **ar**, **er**, **ir**, **or** e **ur**.

Atividades

1 Leia atentamente cada palavra a seguir.

arco	martelo	carneiro	sorvete
abajur	porta	circo	caderno
mar	verde	irmão	urso

2 Complete as palavras com *ar*, *er*, *ir*, *or* ou *ur* e copie-as.

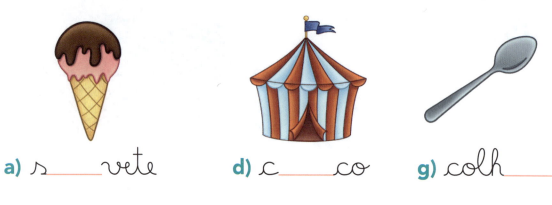

a) s_____vete

d) c_____co

g) colh_____

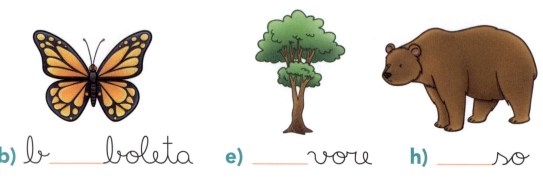

b) b_____boleta

e) _____vore

h) _____so

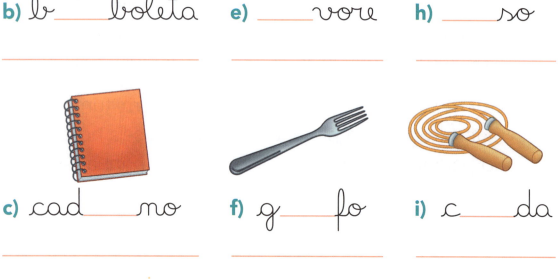

c) cad_____no

f) g_____fo

i) c_____da

3 Leia a cantiga e observe a imagem.

Formiguinha da roça

Formiguinha da roça
Endoideceu
Com uma dor de cabeça
Que lhe deu.
Ai, pobre,
Ai, pobre formiguinha!
Põe a mão na cabeça
E faz assim... e faz assim...

Cantiga do folclore cearense.

4 Complete de acordo com a cantiga.

_____ da roça
Endoideceu
Com uma _____ de cabeça
Que lhe deu.
Ai, pobre,
Ai, pobre _____!
Põe a mão na _____
E faz assim... e faz assim...

Linguagem

5 Copie as frases substituindo as figuras pelos nomes.

a) Tomei um 🍦 de maracujá.

_____

b) Recebi uma ✉️ da Margarida.

_____

6 Separe as sílabas destas palavras.

a) curso

b) forno

c) erva

d) irmã

e) marmelo

f) urbano

7 Encontre no quadro o significado oposto das palavras abaixo e copie-os ao lado delas.

> feliz – curto – dia – doce – bom – calmo

a) comprido _____

b) amargo _____

c) noite _____

214 Linguagem

as	es	is	os	us
as	*es*	*is*	*os*	*us*

As	Es	Is	Os	Us
As	*Es*	*Is*	*Os*	*Us*

esquilo

Vamos cantar

Motorista

Motorista,
Motorista,
Olha a pista,
Olha a pista,
Não é de salsicha,
Não é de salsicha,
Não é não,
Não é não.

Motorista,
Motorista,
Olha o poste,
Olha o poste,
Não é de borracha,
Não é de borracha,
Não é não,
Não é não.

Cantiga.

- Circule na cantiga todas as palavras com **as**, **es**, **is**, **os** e **us**.

Atividades

1 Leia atentamente cada palavra a seguir.

disco	poste	susto	espiga	mosca
lesma	escola	Estela	isqueiro	custo
escova	festa	cuspe	vestido	pasta

Linguagem 215

2 Complete as palavras com *as*, *es*, *is*, *os* ou *us* e copie-as.

a) b____coito

c) ____cada

e) ônib____

b) c____stelo

d) d____co

f) p____te

3 Forme palavras de acordo com os números e copie-as.

1	2	3	4	5	6	7	8	9	10	11	12
es	ros	ga	sus	co	to	dis	jus	la	va	pi	mo

a) 7+5 _____   e) 1+5+9 _____

b) 1+5+10 _____ f) 2+6 _____

c) 4+6 _____   g) 1+11+3 _____

d) 1+12+9 _____ h) 8+6 _____

4 Escolha uma das palavras formadas na atividade anterior e escreva uma frase com ela.

5 Leia o texto e observe a imagem.

Papai motorista

O ônibus sai do ponto quase vazio.
Eu vou na frente, no primeiro banco.
Mamãe do meu lado, papai dirigindo.

Passa rua, passa árvore.
Passa casa, passa céu.
Vejo tudo da janela.

Entra um ventinho bom.

Eu estou de roupa nova.
E botei uma sandália legal, que a mamãe comprou ontem.
Dia de domingo a gente pode passear de ônibus com papai.
Nos outros dias, ele diz que fica cheio demais.
A barra é pesada. [...]

Leny Werneck. *Papai motorista*. Belo Horizonte: Dimensão, 2008. p. 6, 8 e 11.

6 Circule no texto todas as palavras com **as**, **es**, **is**, **os** e **us** e copie-as.

_____

_____

7 Responda às questões de acordo com o texto.

a) Qual é o nome do texto?

_____

b) Qual é o assunto do texto?

_____

_____

Linguagem 217

8 Ligue as figuras às expressões correspondentes.

- rosca de aveia

- cesta de palha

- vestido verde

- pasta azul

9 Passe as frases para o plural. Observe o exemplo.

a) O disco é do menino.

Os discos são dos meninos.

b) A escova é nova.

_____

c) O vestido é bonito.

_____

10 Numere a segunda coluna de acordo com a primeira.

1	dia		feio
2	velho		amargo
3	bonito		baixo
4	alto		noite
5	doce		novo

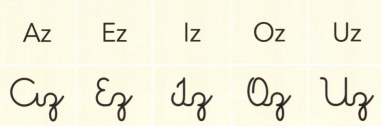

dez

Vamos ouvir

Um, dois, feijão com arroz.
Três, quatro, feijão no prato.
Cinco, seis, chegou minha vez.
Sete, oito, comer biscoito.
Nove, dez, comer pastéis.

Parlenda.

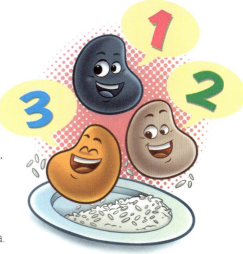

- Circule na parlenda todas as palavras com **az**, **ez**, **iz**, **oz** e **uz** e copie-as.

Atividades

1 Leia atentamente cada palavra a seguir.

rapaz	chafariz	Juarez	aprendiz	dez
cuscuz	feliz	arroz	nariz	luz
juiz	veloz	capaz	paz	feroz

Linguagem 219

2. Complete as palavras com *az*, *ez*, *iz*, *oz* ou *uz* e copie-as.

a) cap___ c) g___ e) d___

b) ra___ d) arr___ f) perd___

3. Separe as sílabas destas palavras.

a) rapidez
b) arroz
c) cuscuz
d) rapaz
e) chafariz

4. Passe as palavras para o plural. Observe o exemplo.

a) a luz — as luzes
b) o rapaz ___
c) a noz ___
d) o capuz ___
e) o cartaz ___
f) a perdiz ___

Linguagem

5 Leia o texto e observe a imagem.

O cartaz de Juarez

Juarez é um menino feliz que adora a escola.
Fez um cartaz da paz com os colegas.
Ele usou giz e sujou o nariz.
Levou um dez do juiz.
E falou em voz alta:
— Estou feliz!

6 Circule no texto todas as palavras com **az**, **ez**, **iz**, **oz** e **uz**.

7 Complete as frases de acordo com o texto.

_____ é um menino _____.
Fez um _____ da _____.
Ele usou _____ e sujou o _____.

8 Responda às questões de acordo com o texto.

a) Qual é o nome do texto?

b) O que Juarez fez?

c) O que ele usou? _____

d) Que nota o juiz deu a Juarez? _____

Linguagem

9 Complete as frases com as palavras do quadro.

> feliz – cartaz – capuz – nariz

a) O rapaz está _____.

b) Juarez fez um _____.

c) Cina usa capa com _____ verde.

d) O _____ do menino está sujo.

10 Passe as frases para o plural. Observe o exemplo.

a) A luz da sala está acesa.
As luzes das salas estão acesas.

b) O rapaz é estudioso.
_____

c) A noz é da menina.
_____

d) O juiz é justo.
_____

11 Leia as frases e circule as palavras que estão no aumentativo.

a) Que carrão Juarez tem!

b) O gorilão é feroz.

c) O capuz de Lara é amarelão.

d) O rapaz tem um blusão roxo.

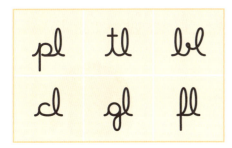

flor

Vamos cantar

Vou plantar

Vou agora, minha gente,
Uma mudinha plantar.
Que daqui a certo tempo,
Belas flores há de dar.
Todo dia, com carinho,
A plantinha vou regar.
Toda árvore do mundo
É preciso muito amar.

Cantiga.

Atividades

1. Leia atentamente cada palavra a seguir.

pl	bl	gl	tl	cl	fl
pluma	bloco	globo	atlas	clube	flor
templo	nublado	glorioso	atleta	clero	flanela
plástico	biblioteca	glacê	Atlântico	caboclo	floresta
diploma	blusa	glicerina	atletismo	cloro	flauta

Linguagem

2 Complete as palavras com *pl*, *tl*, *bl*, *cl* ou *fl* e copie-as.

a) ____echa   c) a____eta   e) ____usa

  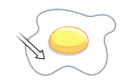

b) di____oma   d) ____aca   f) ____ara

3 Leia as palavras a seguir e copie-as na coluna correta.

aflito	clima	cloro	glicerina	Bíblia	biblioteca
planta	clube	classe	blusão	placa	pluma
floresta	iglu	claro	glorioso	flecha	nublado
planeta	Plínio	bloco	globo	Glória	flauta

pl	bl	cl	gl	fl

4 Leia o texto e observe a imagem.

Flecha Amarela

Flecha Amarela é um indiozinho.
Ele mora na floresta.
Lá tem muitas plantas diferentes.
Ele se alimenta de frutas
e também sabe pescar.
Flecha Amarela toca flauta
e atira bem com arco e flecha.
Na tribo, ele é um atleta.

5 Circule no texto todas as palavras com **pl**, **tl** e **fl**.

6 Responda às questões de acordo com o texto.

a) Qual é o nome do texto?

_____

b) Onde o indiozinho mora?

_____

c) O que o indiozinho toca?

_____

d) Ele atira bem com o quê?

_____

7 Separe as sílabas e escreva o número de sílabas de cada palavra.

a) planta _____ ___   e) caboclo _____ ___

b) flores _____ ___   f) planeta _____ ___

c) clube _____ ___   g) diploma _____ ___

d) bloco _____ ___   h) atleta _____ ___

8 Complete o diagrama com o nome das figuras.

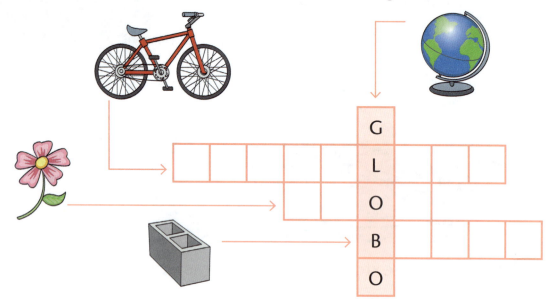

9 Utilize a letra *l* para formar novas palavras e copie-as. Siga o exemplo.

a) caro _____*claro*_____

b) pano _____

c) fecha _____

d) fora _____

e) paca _____

f) cone _____

Linguagem

10 Complete as frases com o nome da figura.

a) O _____ é feito de gelo.

b) A _____ é do índio.

c) Mamãe ganhou uma _____.

d) A _____ é amarela.

11 Passe as frases para o plural. Observe o exemplo.

a) A floresta é bela.
As florestas são belas.

b) O jardim é repleto de flor.
_____

c) A flauta é do índio.
_____

d) A flor é vermelha.
_____

e) O dia está nublado.
_____

f) O atleta está aflito.
_____

Linguagem 227

pr	vr	dr	tr
br	cr	gr	fr

criança

Vamos cantar

Meu galinho

Faz três noites que eu não durmo, olalá,
Pois perdi o meu galinho, olalá.
Coitadinho, olalá,
Pobrezinho, olalá,
Eu o perdi lá no jardim.

Ele é branco e amarelo, olalá,
Tem a crista vermelhinha, olalá.
Bate as asas, olalá,
Abre o bico, olalá,
Ele faz quiriquiqui.

Já rodei o Mato Grosso, olalá,
Amazonas e Pará, olalá.
Encontrei, olalá,
Meu galinho, olalá,
No sertão do Ceará!

Cantiga.

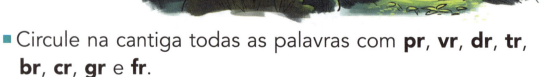

- Circule na cantiga todas as palavras com **pr**, **vr**, **dr**, **tr**, **br**, **cr**, **gr** e **fr**.

Atividades

1 Leia atentamente cada palavra a seguir.

pr	dr	br	gr
prato	madrugada	brisa	gruta
prego	pedra	broche	grilo
prova	padre	cobra	grosso
praia	quadro	branco	alegria
primo	vidro	bravo	magro

vr	tr	cr	fr
livro	trigo	cravo	frio
palavra	tropa	creme	frade
lavrador	estrela	criança	fruta
livre	mestre	cruz	chifre
livraria	trabalho	crocodilo	fraco

2 Complete as palavras com *pr*, *vr*, *dr*, *cr*, *gr* ou *fr* e copie-as.

a) ___ato   c) ___agão   e) ___avo

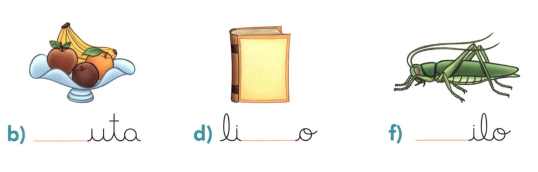

b) ___uta   d) li___o   f) ___ilo

Linguagem 229

3 Passe as frases para o plural. Observe o exemplo.

a) O padre é generoso.

Os padres são generosos.

b) A criança é esperta.

_____

c) O professor é amigo.

_____

d) O livro é grosso.

_____

e) A estrela é brilhante.

_____

4 Leia as palavras a seguir e copie-as na coluna correta.

criança	livrinho	dragão	estrela	trança
pedra	gravata	frango	pobre	fruta
briga	cravo	palavra	gruta	prata

pr	vr	dr	tr

br	cr	gr	fr

5 Leia o texto e observe a imagem.

Rap da limpeza

Escute nosso grito,
Não é um cochicho.
Papel e casca
Só se põem no lixo!!!
Não para sujar!
A ordem é limpar.
A mãe natureza
Devemos preservar!!!
Não para a sujeira,
Viva a lixeira!

Agora é só lembrar
Que a ordem é cuidar
E saber usar!
Você vai poder ver
Que a mãe natureza
Só vai agradecer!!!

Patrícia Engel Secco. *No parque nosso verde.*
São Paulo: Melhoramentos, 2006. p. 4.

6 Responda às questões de acordo com o texto.

a) Qual é o assunto tratado?

_____

b) O que devemos preservar?

_____

7 Complete a frase.

A ordem é _____.

8 Circule no texto todas as palavras com **pr**, **vr**, **dr**, **tr**, **br**, **cr**, **gr** ou **fr**.

Linguagem 231

9 Separe as sílabas destas palavras e copie-as novamente.

a) cabrito _____ _____

b) tigre _____ _____

c) crachá _____ _____

d) professor _____ _____

e) pedreiro _____ _____

f) estrada _____ _____

10 Passe as palavras a seguir para o feminino.

a) bravo _____

b) primo _____

c) fraco _____

d) magro _____

e) trêmulo _____

f) Adriano _____

11 Utilize a letra r para formar novas palavras e copie-as. Siga o exemplo.

a) dama _drama_

b) pato _____

c) fita _____

d) tem _____

e) banco _____

f) tio _____

Linguagem

Os vários sons de X

Adivinha

O que é, o que é?
Não deixe para depois!
Uma letra exagerada,
Exibida como só.

Está na xícara do café
Ou no xale da vovó.
Na enxada da fazenda,
No táxi do seu Ló.

Vem cá, meu xodó!
Qual é a explicação?
Consegue descobrir
O xereta de plantão?

Texto escrito especialmente para esta obra.

- Circule na adivinha todas as palavras com a letra **x**. Depois, pinte de vermelho as palavras em que o **x** tem som de **z** e, de azul, as palavras em que o **x** tem o som de **ch**.

Atividades

1 Leia atentamente cada palavra a seguir.

x = s	x = ch	x = ss	x = cs	x = z
exterior	enxada	máximo	táxi	exame
exportação	xereta	auxílio	anexo	exato
extensão	enxurrada	próximo	boxe	exercício
explicação	xaxim	trouxe	látex	exemplo
externo	xícara	auxiliar	reflexo	executar
exclamação	xarope	aproximar	crucifixo	exército

2 Escreva o nome das figuras a seguir.

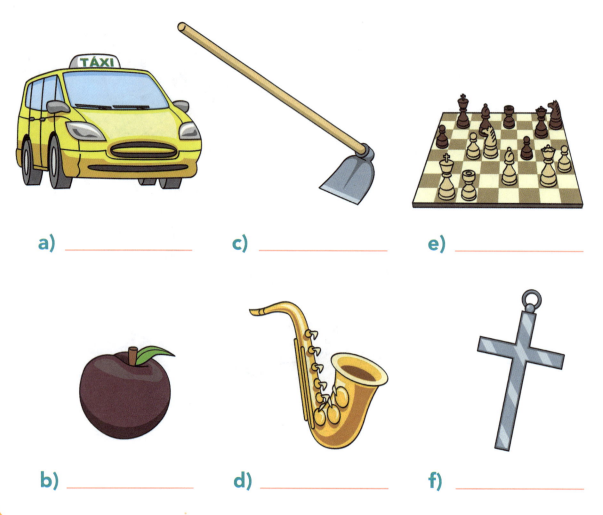

a) _____

b) _____

c) _____

d) _____

e) _____

f) _____

3 Leia o texto e observe a imagem.

Os xarás

Todo dia, Xavier encontrava Xavier e o cumprimentava:
— Bom dia, Xavier.
E Xavier respondia a Xavier:
— Bom dia, Xavier.
Toda tarde, Xavier encontrava Xavier e o cumprimentava:
— Boa tarde, Xavier.
E Xavier respondia a Xavier:
— Boa tarde, Xavier.
À noite, tudo se repetia.

Mas não havia nexo em chamarem um ao outro de Xavier, pois não eram xerox um do outro. O Xavier taxista gostava de tocar xilofone, dançar xaxado e comer xinxim de galinha com macaxeira. Já o Xavier caixeiro-viajante, gostava de tocar saxofone, dançar xote e comer mexilhão com ovos mexidos. De fato, um não era reflexo do outro. Portanto, depois de anos, mudaram o cumprimento.

— Oi, xará taxista.
— Oi, xará caixeiro-viajante.

Desde então, Xavier e Xavier cumprimentaram-se com expressiva alegria. Os xarás acham o máximo o novo cumprimento.

Jonas Ribeiro. *Alfabético, almanaque do alfabeto poético.* São Paulo: Editora do Brasil, 2015. p. 77.

4 Responda às questões de acordo com o texto.

a) Qual é o nome do texto?
_____

b) Quem fez a primeira pergunta?
_____

c) Quem respondeu a essa pergunta?
_____

5 Copie do texto as palavras com **x**.
_____
_____
_____

6 Pinte o quadrinho que está ao lado da resposta correta.

a) Na palavra **taxista**, o **x** tem som de:
☐ ch   ☐ cs   ☐ ss

b) Na palavra **macaxeira**, o **x** tem som de:
☐ z   ☐ s   ☐ ch

c) Na palavra **máximo**, o **x** tem som de:
☐ sc   ☐ x   ☐ ss

7 Forme uma frase usando cada palavra a seguir.

a) exemplo _____
_____

b) excursão _____
_____

236 Linguagem

Revisando tudo o que foi estudado

Vamos cantar

Bate o sino

Hoje a noite é bela
Juntos eu e ela
Vamos à capela, felizes a rezar.
Ao soar o sino, sino pequenino,
Vai o Deus menino nos abençoar.

Bate o sino, pequenino,
Sino de Belém.
Já nasceu o Deus menino
Para o nosso bem.
Paz na Terra, pede o sino, alegre a cantar.
Abençoe, Deus menino, este nosso lar.

Cantiga.

Atividades

1 Responda às questões de acordo com o texto.

a) Felizes, vamos à capela fazer o quê? _____

b) De onde é o sino? _____

c) O que o sino pede? _____

Linguagem 237

2 Escreva o nome das figuras a seguir.

a) _____

c) _____

e) _____

b) _____

d) _____

f) _____

3 Separe as sílabas e escreva o número de sílabas de cada palavra.

a) chocalho _____ ____

b) vestido _____ ____

c) sorvete _____ ____

d) plástico _____ ____

e) chave _____ ____

f) mestre _____ ____

g) xaxim _____ ____

4 Passe as palavras para o plural.

a) a borracha _____

b) o carneiro _____

c) a espada _____

d) o rapaz _____

e) o capuz _____

f) a Bíblia _____

g) a coroa _____

h) o táxi _____

5 Copie as frases substituindo as figuras pelos nomes.

a) A 🔑 caiu do 🔑.

b) A 🦋 voa no jardim.

c) O leão saiu da 🏚.

d) O 👗 de Manu é vermelho.

6 Siga o exemplo.
- a) bola — bolinha — bolão
- b) caixa
- c) panela
- d) peixe
- e) livro
- f) sapato
- g) faca
- h) sapo
- i) carro

7 Utilize a letra *l* para formar novas palavras e copie-as. Siga o exemplo.

a) fecha _flecha_   d) caro _____

b) pena _____   e) tempo _____

c) for _____   f) paca _____

8 Numere as figuras de acordo com as palavras.

| 1 | cravo | 3 | prego | 5 | livro |
| 2 | gravata | 4 | trem | 6 | zebra |

9 Utilize a letra *r* para formar novas palavras e copie-as. Siga o exemplo.

a) tinta _trinta_   d) tato _____

b) fio _____   e) pata _____

c) tio _____   f) tem _____

10 Complete o alfabeto maiúsculo com letra cursiva.

A, _____

240 Linguagem